# HIERBA MALA
UNA HISTORIA DEL ROCK EN CUBA

# HIERBA MALA
## UNA HISTORIA DEL ROCK EN CUBA

Humberto Manduley López

NialaNai Ediciones

NialaNai Ediciones

NNE-001

Copyright © 2013 Humberto Manduley López

Edición: Olimpia Chiong

Diseño interior: J. M. Bucher

Diseño de portada: Lizzete Ortiz

Reservados todos los derechos de esta edición para:

© NialaNai Ediciones

nialanaiediciones@gmail.com

*Ninguna parte de este libro, incluido el diseño de la portada, puede ser reproducida sin permiso previo del editor.*

ISBN-13: 978-0-9911336-0-4

*Para Ian Elmer y Alain*

# ÍNDICE

|   | | |
|---|---|---:|
|   | Hablar de frente | 9 |
| 1 | Archivo de antigüedad (1956-1959) | 15 |
| 2 | Los años verdes (1960-1969) | 35 |
| 3 | Humo en el agua (1970-1979) | 67 |
| 4 | Después (1980-1989) | 87 |
| 5 | Puertas que se abrirán (1990-1999) | 105 |
| 6 | Sed de tantas cosas (2000-2012) | 123 |
| 7 | Trova con distorsión | 151 |
| 8 | Tres de un perfecto par | 171 |
| 9 | Búsqueda y esencia | 207 |
|   | Bibliografía | 233 |

## Hablar de frente

Lo que tienes en tus manos es una versión reescrita, ampliada y actualizada del libro *El rock en Cuba*, que Ediciones Atril publicó en 2001. Aquel esfuerzo, aún con sus limitaciones, fue posible gracias al entusiasmo de dos amigos que ya no están, y a quienes quiero recordar ahora: Noel Nicola y Manolo González Bello.

¿Por qué el título *Hierba mala*? La acepción que admite el diccionario se refiere a esa planta "perjudicial que crece de forma espontánea en un campo de cultivo o en un jardín" y que muchos agricultores insisten en eliminar. Sin embargo, en realidad no es totalmente "nociva" ya que de ella se nutre el ganado forrajero, cumpliendo una función en la cadena alimenticia. Con el *rock* sucede de forma parecida: no sólo fue tachado de "perjudicial", sino que también crece naturalmente en cualquier sitio y circunstancia (pese a los celadores empeñados en su "desyerbe") y es un ingrediente más que "alimenta" la cultura. "*Hierba mala*" es, además, el nombre de una pieza del grupo Música d´ Repuesto, de modo que establecí una relación semántica tripartita para titular este trabajo.

A la hora de plantear los presupuestos conceptuales de la investigación, uno de los puntos críticos fue definir el término *"rock"*, toda vez que ha mutado, en más de medio siglo de existencia, abarcando rasgos disímiles. El *rock* de Chuck Berry difiere bastante de los trabajos de Nick Cave, *Doctor Nerve*, *Dark Funeral*, Luis Alberto Spinetta, *Cluster*, *The Artaud Beats*, Oxomaxoma o Albert Marcoeur, aunque exista un cordón umbilical ineludible. Como señala el sociólogo musical británico Simon Frith, citado por Pablo Ayala en su libro *El mundo del rock en Quito*: "El *rock* ya no puede ser definido como un estilo musical en sí mismo (aunque todavía se relaciona vagamente con un sonido musical, la amplificación eléctrica y el ritmo de 4x4), describe menos un estilo musical (o un contenido) que un valor auditivo, que un valor primeramente constituido a través del intercambio global de bienes musicales particulares". (1)

Para el periodista argentino Esteban Rodríguez "el *rock* dejó de ser un lenguaje generacional para ser – además – un lenguaje social" (2), mientras su colega mexicano Juan Villoro apunta que "el *rock* contribuyó a que los jóvenes pasaran de categoría biológica a categoría cultural". (3)

Aquí he optado por verlo, en primer lugar, como lo que es: un género musical que se prolongó, desde los años 60, a partir del *rock and roll* primerizo. Pero también como un grupo de actitudes en el orden sociocultural que, partiendo de la música, alcanzó una dimensión mucho más amplia.

A veces se circunscribe el *rock* a su producción anglosajona, descartando o minimizando el que se hace dentro de otras culturas, o se interpreta en otros idiomas. En el caso específico de Cuba, esto se relaciona con la pésima política difusora que malfuncionó durante largo tiempo, donde se privilegió lo que muchos tildan de sub-producto: un *rock* en español, acusado (a veces sin lógica alguna) de ser solo una copia del que se hacía en Estados Unidos y

Gran Bretaña. Sin embargo, esta postura no se sustentaba en una formulación teórica, sino más bien en la animadversión de algunos hacia la interpretación en castellano, y en un deficiente (por no decir, nulo) conocimiento del devenir del género. Porque más allá de su sitio de nacimiento, o de su primera maduración, el *rock* ha ganado personalidad variada en geografías apartadas de su entorno original. Y Cuba, justamente, estuvo en el epicentro inicial de un *rock* en nuestro idioma.

En los últimos años también se han propiciado divisiones entre *rock* y metal, presentándolos como dos géneros independientes. Mientras la musicología define la polémica, aquí preferí aunar ambas corrientes. Asimismo, incluí géneros y estilos que, sobre todo a inicios de los 60, establecieron un trasvase con el *rock*, y fueron englobados en Cuba bajo el ambiguo rótulo de "música moderna", como calipso, bossa nova, balada, *jazz* y otros. Sin tratar de agruparlos en su totalidad, intenté recoger muestras distintas de cómo esos sonidos coexistieron e interactuaron con el *rock*, siempre desde la experiencia cubana.

La presente edición abarca el período de 1956 a 2012. Dadas las dificultades para organizar y periodizar una historia que apenas cuenta con documentación y está basada sobre todo en testimonios orales, es posible que se hayan deslizado imprecisiones y omisiones de obras, protagonistas, fechas o hechos. Ofrezco mis disculpas de antemano, y extiendo la invitación para quienes quieran compartir sus conocimientos y experiencias en aras de lograr una visión más completa para una próxima oportunidad.

En los capítulos dedicados a la cronología se incluyen recuadros con los grupos fundados en cada etapa. En los primeros años existieron muchos que no tuvieron una denominación formal, o funcionaron como asociaciones temporales, por lo cual es difícil definir su presencia. A la vez llamo la atención sobre la reiteración de nombres que fueron empleados por colectivos diferentes, en distintos momentos y zonas. La explicación tal vez tenga que ver con la incomunicación existente entre los mismos músicos, que los llevó a desconocer la existencia de otros. En estos casos de similitudes nominales opté por señalar su lugar de creación, para distinguirlos de alguna manera. Como complemento, se anexó material fotográfico aportado por los propios músicos o allegados.

Valga aclarar por otra parte que, si bien el tema será abordado de manera general, este no es un libro sobre las prohibiciones alrededor del *rock* en Cuba. Ciertamente *rock* y censura tuvieron una relación disfuncional, pero intentando no desbalancear los enfoques que nutren el texto, dediqué espacio a ese fenómeno, ubicado en etapas muy concretas, y algunas de sus consecuencias. Además, opino que el género todavía no escapa a la malevolencia y los ataques de muchos nacionales, aunque exista un clima menos restrictivo que antes. Queda pendiente, entonces, ahondar en esta temática en un futuro cercano, para evitar que nos persigan los errores de antaño.

De todos modos los cuestionamientos al *rock* no son exclusivos de Cuba. En prácticamente todos los países —de Francia a Chile, de Hungría a Estados Unidos, de Panamá a China— sufrió algún tipo de veto, como se documenta en el libro *La censura en el rock* del español Jordi Bianciotto, aunque el caso de Cuba (tal vez por falta de información de su autor) no aparezca contemplado.

Tampoco esta es, ni pretende ser, la historia (oficial) del *rock* nacional. En todo caso, es apenas un punto de recapitulación y reflexión, pero por encima de

todo, está concebida como una suerte de homenaje a sus protagonistas, y un intento de saldar esa deuda con una parte de la historiografía musical cubana.
Deliberadamente me limité a reseñar lo ocurrido con el *rock* dentro del país. Se conoce, en mayor o menor medida, la repercusión internacional alcanzada por músicos cubanos radicados en otras naciones. Ahí están los ejemplos de Rudy Sarzo (*Whitesnake*), Dave Lombardo (*Slayer*), Enrique Jardines (*Absolute Zero*), Piro Pendas (Ritmo Peligroso), Tito Duarte (Barrabás), Juan Croucier (*Ratt*), Guille García (*Captain Beyond*), Ricardo Escasena (Hermanos Carrión), Roger Miret (*Agnostic Front*), Isaac Guillory (*Pacific Eardrum*), Al Jourgensen (*Ministry*), Pablo Marichal (Hangar Ambulante), Sergio Castillo (Miguel Ríos), Carlos Vega (*Karizma*), Ernesto "Tito" Puentes (*Uniweria Zekt*), José Fors (Cuca), Manny Yanes (*The Power Station*), Julio Fernández (*Spyro Gyra*), Pepe Gómez (Chango), Jorge Casas (Coverdale & Page), Adolfo Lazo (*Tempest*), Víctor Miranda (Al Di Meola), Laurel Aitken, Lester Méndez, Brim Leal y Félix Cabrera, entre otros. Además, están Armando Peraza, Luis Conte, Mongo Santamaría, Daniel Ponce, Orestes Vilató y Francisco Aguabella, percusionistas destacados en un sinfín de sesiones. Para quienes se interesen en estos segmentos diaspóricos, recomiendo el libro *Músicos de Cuba y del mundo: Nadie se va del todo* (ConCierto Cubano, 2012) de Joaquín Borges Triana.
Por esta razón decidí centrarme en el acontecer nacional. Además, una buena cantidad de nombres pertenecientes a bandas que se mencionarán aquí, y que en diversos momentos emigraron de Cuba, siguen interpretando el género, dispersos por el mundo. De manera que se necesitarán más seguimientos para incluirlos en un necesario repaso extrainsular.

Para concretar esta labor hubo personas que ofrecieron ayudas imprescindibles. Expreso mi total gratitud a Darsi Fernández, Dagoberto Pedraja, Virgilio Torres, Juan Raúl Fernández Salabarría, Joaquín Borges Triana, Jorge Brauet, Déborah Hill (Biblioteca Nacional "José Martí"), Olimpia Chiong (quien hizo la primera revisión del texto) y al personal de la Delegación de la SGAE en La Habana.
Gracias especiales para mi hijo Alain, quien me mantuvo al tanto de las últimas tendencias en el *rock* y el metal cubanos, compartiendo criterios, discos, conciertos y madrugadas en G. También a mi esposa Jennifer Ungemach, quien me insistió que retomara el texto original, a diez años de su primera publicación. Su apoyo, paciencia, sugerencias y optimismo fueron absolutamente vitales. Todo mi amor para ambos y, por supuesto, para el pequeño Ian Elmer que llegó a nuestras vidas mientras estas páginas tomaban forma.
Finalmente quisiera agradecer a quienes han hecho, hacen y harán *rock* en Cuba. Esto solo intenta ser una herramienta contra la desmemoria, un tributo modesto y personal a quienes han alegrado la vida a varias generaciones de conciudadanos, y un recordatorio de que también forman parte de la historia (social, cultural, musical) de nuestro país.

Humberto Manduley López
(hmanduley@hotmail.com)
Marzo de 2013

**Citas**:
1– Ayala Román, Pablo: *El mundo del rock en Quito*. Corporación Editorial Nacional, Ecuador, 2003, p. 79-80.
2– Rodríguez, Esteban: *Por los caminos del rock*, Azulpluma, Argentina, 2009, p. 254.
3– Chimal, Carlos: *Crines: otras lecturas de rock*, Era, México, 1994, p. 235.

## Archivo de antigüedad (1956-1959)

Definir el punto de partida para cualquier género musical es siempre una tarea compleja. Por lo general se trata de procesos simultáneos e independientes, que involucran a más de un creador durante un variable periodo de tiempo.
En la historia del *rock and roll* todavía existen discrepancias acerca del primer tema que se acepta bajo tal término, el primer compositor o el primer intérprete. Se manejan candidatos que hacen retroceder sus orígenes hasta la década de los años 40 del siglo pasado. Lo que sí ha quedado claro es que antes de Bill Haley y sus éxitos "*Crazy man crazy*" (1954) y "*Rock around the clock*" (1955) otros creadores empezaron a ponerlo en marcha, aunque sin contar con todo el aparataje publicitario de la industria del ocio, que respaldaría las producciones de Haley y, sobre todo, de Elvis Presley. Desde Wynonie Harris ("*Good rocking tonight*", 1948) y Fats Domino ("*The fat man*", 1949) hasta Joe Hill Louis ("*Boogie in the park*", 1950) y Jackie Brenston con el grupo de Ike Turner ("*Rocket 88*", 1951), pasando por Freddie Slack, Lloyd Price, Jimmy Preston y Larry Williams entre otros, el *rock and roll* en su concepción más simplificada se define como una mezcla de *rhythm and blues* y *country*, si bien hay otros

15

ingredientes cuya incidencia no se puede ignorar. Por ejemplo, el investigador francés Luc Delannoy al referirse a la pieza de Chano Pozo y Dizzy Gillespie que en 1947 fue punto de partida del *jazz* latino, señala que «los primeros compases de la batería al comienzo de "*Manteca*" anuncian ya el ritmo del *rock and roll*» (1), marcando un curioso y nada fortuito nexo con el *jazz* y los ritmos de Cuba. La herencia francesa palpable en Nueva Orleans, el *gospel*, la música tradicional de ascendencia irlandesa, así como ciertas obsesivas marcas rítmicas propias de la tradición amerindia se rastrean en la base del temprano *rock and roll*. Por supuesto, todo esto envuelto en un ámbito tecnológico, con el creciente empleo de los instrumentos electrónicos, le dieron una sonoridad inédita que contribuyó a realzar su impacto. Más adelante su evolución como género lo llevó a una vasta polinización, donde influyó a, y se dejó influir por, géneros de variadas procedencias, con lo que el *rock* del siglo XXI guarda pocas semejanzas evidentes con el *rock and roll* original, aunque provengan de un tronco común.

En Latinoamérica, diversos investigadores ubican entre los primeros exponentes del *rock and roll* a Gloria Ríos y Los Lunáticos (en México), la brasileña Nora Ney, Los Millonarios del *Jazz* (Perú), Eddie Pequenino (Argentina) y *The Fabulous* Monteros García (Bolivia). Por lo general eran intérpretes de otras músicas, sumados a la nueva moda a mediados de los cincuenta, y sus repercusiones resultaron ser efímeras e, incluso, olvidadas.

Respecto a la presencia en Cuba, hablar de sus pioneros es doblemente difícil ya que no existen –o se han extraviado hasta la invisibilidad– los testimonios que pudieran arrojar luz sobre sus días iniciales. Sin embargo, aquí tomaremos a 1956 como «año cero». Pudiera parecer una decisión arbitraria, pero rastreando la casi inexistente documentación y las referencias de algunos de sus participantes, no he hallado pruebas definitivas que permitan ubicarlo aquí con anterioridad. Entre los datos que apoyan dicha fecha está un titular de la revista *Cinema*, del 2 de diciembre de ese año, firmado por Esther Ayala anunciando: "Ha llegado a La Habana la locura del *rock and roll*. Un Elvis Presley cubano. La juventud se fanatiza con el nuevo ritmo que se bailará hasta en las calles". (2)

Así la contagiosa modalidad musical se adentró en el país a través de dos figuras míticas: Bill Haley (1927-1981) y Elvis Presley (1935-1977).

En 1956 Haley había pasado ya por su mejor momento, con *"Rock around the clock"* y *"See you later, alligator"* sonando todavía en la radio, pero destronado de su breve reinado por huestes más provocativas y osadas. En lo que concierne a Elvis, fue un año arrollador con canciones como *"Heartbreak Hotel"*, *"Love me tender"*, *"I want you, I need you, I love you"*, *"Hound dog"* y *"Don't be cruel"*. A la zaga, un tropel de exponentes donde descollaron Chuck Berry *("Maybellene")*, Carl Perkins (*"Blue suede shoes"*), Fats Domino (*"Blue Monday"*), Roy Orbison (*"Ooby dooby"*), Screamin' Jay Hawkins (*"I put a spell on you"*), Johnny Cash *("I walk the line"),* Gene Vincent *("Be bop a lula")* y Frankie Lymon & *The Teenagers* ("*Why do fools fall in love"*) mientras Buddy Holly grababa sus primeros temas, y el ambiguo Little Richard lanzaba su trilogía con *"Tutti frutti"*, *"Rip it up"* y *"Long tall Sally"*. Todo esto sin olvidar a *The Platters* con sus baladas *"My prayer"* y *"The great pretender"* que inspiraron a tantos conjuntos vocales. Además, con la apoyatura del cine y la televisión el *rock and roll* se transformó en una revolución cultural que estremeció los cimientos del aparente orden de la llamada «Era de la prosperidad» en Estados Unidos.

"Aun así, el *rock and roll* no tuvo una infancia feliz. El puritano panorama se ensañó contra él y sus artistas desde que los vio despuntar. Como siempre, los adultos lo encontraron horrible y discordante; las inquisidoras ligas sociales denunciaban sus extravagancias y las minorías que lo sintonizaban fueron, en muchos casos, controladas, perseguidas, prohibidas y, en ocasiones, condenadas. Para los políticos más reaccionarios era subversivo, al servicio del oro de Moscú u otra forma más del expansionismo negro; en los estados más recalcitrantes (Alabama, Kansas y otros) se llegó a prohibir su difusión; las iglesias pregonaban que se trataba de música diabólica, y las satánicas máscaras del Ku-Klux-Klan organizaban impunemente quemas públicas de las obras de Elvis".(3)

A despecho de tal situación el *rock and roll* se integró a la industria del entretenimiento y, si bien conservó y hasta desarrolló mucho más su potencia sonora y su capacidad de provocación, el sentido inicial de «protesta» fue diluido o abandonado. No obstante, los fantasmas invocados desde sus inicios acerca del libertinaje sexual, drogadicción, conflicto generacional, satanismo, delincuencia y todo un extenso catálogo de problemas, siguen aflorando hasta la fecha como crítica directa o velada.

Bajo tales premisas, en 1956, el *rock and roll* llegó a Cuba.

## *El rock de la cárcel*

En aquel año la prensa, principalmente en sus secciones faranduleras, se hizo eco del nuevo ritmo. El interés musical del público se repartía entre el chachachá, el bolero, el son, la guaracha, la canción romántica y el mambo, junto a rancheras, tangos, pasodobles y sevillanas. La radio y las casas discográficas impulsaron al *rock and roll*, mas, con toda probabilidad el mayor impacto se produjo a través del cine.

Las exhibiciones de los filmes "Semilla de maldad" (*Blackboard jungle*, 1955, de Richard Brooks) y "*Rock around the clock*" (1956, de Fred F. Sears), provocaron sesiones de baile desenfrenado en las salas cinematográficas. Muchos especialistas afirmaban que el género no hacía ningún aporte sustancial en el aspecto danzario, resultando apenas una versión de pasillos del *lindy* y el *jitterburg*, que habían estado en boga en los años treinta. Sin tomar en cuenta tal veredicto, fue evidente que aquel espectacular ballet atlético, plagado de acrobacias, contorsiones y piruetas que ponían los pelos de punta a la gran sociedad conservadora, empezó a ganar adeptos entre los jóvenes, pese a críticas demoledoras:

"El *rock and roll* que está bailando su creador, ejecutándolo en medio de convulsiones, delirios, de locuras, con movimientos descompasados y excitantes de hombros, de manos, de caderas, de cabeza, dando saltos frenéticos y adoptando poses con gestos de voluptuosidad y de sensualismo, no puede ni debe penetrar en ningún hogar. Contra este estilo grosero del *rock and roll* es que nosotros tenemos que pronunciarnos, como lo hacemos, porque estimamos responsablemente que es pernicioso para la juventud". (4)

Sin reparar en afirmaciones similares el *rock and roll* mantuvo su paso gracias, en buena medida, a la farándula del momento, siempre necesitada de «estar al día». Figuras como Kippy Casado (con Blasito Soler), Amelita Pita, Kary Russy, Natty Alfonso, Ana Margarita Martínez Casado, Raquel Bardiza, Maricusa Cabrera y Marta Stincer se dedicaron al vertiginoso baile en teatros y centros nocturnos. Para finalizar 1956 el programa televisivo "El Café de la Esquina" preparó un concurso de danzantes con el respaldo instrumental de la orquesta dirigida por el maestro Rafael Somavilla, quien estudió las partituras de los temas puestos en boga por Presley y otros. Un año más tarde el conjunto de bailarinas de Alberto Alonso presentó el espectáculo "Del *charleston* al *rock and roll*" en el cabaret Sans Souci, mientras la vedette Lina Salomé viajó a México, bailando en la película "Los chiflados del *rock and roll*", de José Díaz Morales, acompañada por el grupo del pianista azteca Mario Patrón.

La prensa dedicó espacios a comentar la euforia rocanrolera, oscilando entre la defensa apasionada, el comentario mordaz y la cautela. El énfasis se ponía en su condición de baile que, a la postre, resultaría ser solo un rasgo episódico, pero al hablar del aspecto musical, por ejemplo, el arreglista y director de orquesta Chico O´Farrill lo definió como "un paso atrás que experimenta la música americana, lo peor que pudiera haberle acontecido. Creo que este ritmo no tenga más de dos o tres años de vigencia". (5) Por su parte, Ignacio Villa (Bola de Nieve) opinó que "es la música de una época de transición. En ella ningún color se fija. Es, en realidad, nada más que música de laboratorio". (6) Ambos criterios, vertidos por músicos de reconocido prestigio, ilustran en cierta forma la atmósfera que rodeaba al *rock and roll*. De todos modos, la moraleja que se extrae es que ni Chico O'Farrill ni Bola de Nieve demostraron poseer madera de visionarios en lo que respecta al *rock*.

Ante una situación donde parte del público entraba en franca contradicción con la crítica y con personalidades meridianas de la música nacional, CMQ-TV organizó a inicios de 1957 una Mesa Redonda con el tema "La juventud y el *rock and roll*". Moderada por el reconocido periodista Luis Gómez

Wangüemert, contó con la participación de Alberto Bolet, director de la Orquesta Filarmónica de La Habana; la doctora en Filosofía, Mariana Ramírez Gorría; el sacerdote René León Lemus, director de la Casa de El Calvario; y el profesor Marino Pérez Durán, de la Universidad Católica Santo Tomás de Villanueva.

La iniciativa, valiosa en su concepción original, pretendía analizar desde diferentes ángulos la incidencia del género musical entre los jóvenes cubanos. Sin embargo, a pesar de la imparcialidad del moderador, y aunque el evento fue reflejado en la prensa bajo el título "El baile no es bueno ni malo en sí mismo", los panelistas coincidieron de algún modo en sus diatribas. Para la doctora Ramírez Gorría se trataba de un "baile inmoral y hasta repugnante", mientras el padre León Lemus lo definía como "un baile lascivo por el movimiento sensual que tiene, que a veces toma características de movimientos pornográficos". Alberto Bolet, el único músico de los participantes, reconocía no estar muy al tanto de lo que acontecía en el *rock and roll*, al que consideraba "una necesidad de nuestra histeria universal", y por su parte el profesor Pérez Durán, más cauto, lo catalogaba como una música que "contiene los tres ingredientes que representan los atractivos más vigentes para la juventud: la gimnasia, la danza y la sensualidad". (7)

La tónica de este panel repercutió a los pocos días en una disposición del Ministro de Comunicaciones, Ramón Vasconcelos, que prohibía la transmisión de programas televisivos que incluyeran números del agitado baile. El veto se basaba en que "los bailarines adoptan posturas y realizan movimientos francamente inmorales, siendo además proclive esa deformación coreográfica a causar estados de excitación morbosa tanto en las personas que se utilizan en esas exhibiciones como en los propios televidentes". (8) No obstante, casi enseguida, el Ministro cursó una contraorden, a petición del doctor Luis Hernández de Hita, presidente del *Club Rock'n Roll* y uno de los responsables de la Promotora Panamericana. El nuevo documento especificaba que se podrían ejecutar esos bailes en televisión "siempre que se ajusten a las normas coreográficas y se eliminen los pasillos denominados El Reloj, La Tijera y La Campana, y todos los actos acrobáticos y frenéticos, y se reduzca a los usuales movimientos en la coreografía de bailes populares norteamericanos", advirtiendo que "el vestuario no sea provocativo". (9)

La polémica permite apreciar que el expediente de censuras hacia el *rock and roll* surgió desde sus comienzos en Cuba, aunque los argumentos variaran más adelante. Como apuntó el mexicano José Agustín, al referirse a situaciones similares en su país:

"Desde los hogares, las escuelas, el gobierno, los púlpitos y los medios de difusión se satanizaba al rocanrol *(sic)* porque era puerta a la disolución, el desenfreno, el vicio, la drogadicción, la delincuencia, la locura, ¡el infierno!: el *rock* era cosa del demonio. O comunista, porque en esos tiempos se vivían los Grandes Furores Anticomunistas". (10)

Críticas aparte, varios programas televisivos organizaron concursos y demostraciones, se sumaron sociedades de recreo, fraternidades estudiantiles y sitios de esparcimiento, y comenzaron a formarse los primeros clubes de admiradores, dedicados a intercambiar discos y poner en práctica el aprendizaje del turbulento baile en cuanto lugar hallaran disponible. Para señalar solamente dos ejemplos: en 1957 se inauguró el bar *Rock and roll*, en Ayestarán y 20 de Mayo (La Habana), mientras en agosto de ese mismo año la Asociación de Propietarios y Vecinos de

Santa Fe gestionó "Elvis Tennessee", un gran bailable de *rock and roll* en dicha localidad. Eventos parecidos sucedían en otros puntos del país. Por lo general se usaban vitrolas o tocadiscos con las canciones de moda, pero también se acudió a orquestas como las de Julio Gutiérrez, Rafael Somavilla o Leonardo Timor, cuando tenían lugar en los estudios de televisión o grandes espacios abiertos. Poco a poco los nacientes combos, que solían incluir una pareja de baile, también fueron llamados a aportar la música en vivo. De todos modos Leonardo Acosta, investigador y músico, nos recuerda que "la moda del *rock and roll* en Cuba apenas duró dos años (1956-1957)". (11)

### *Estremécete al compás del reloj*

Dejemos en ese punto la faceta bailable del *rock and roll*, para intentar una aproximación a su evolución musical. ¿Quién o quiénes fueron los primeros en interpretar *rock and roll* en nuestro país? Se trata de una de las mayores incógnitas en esta historia, ya que precisar el (o los) pionero(s) absoluto(s) arrojaría mucha luz sobre el segmento primario del género y su posterior desarrollo.

El ya mencionado Leonardo Acosta, testigo de esos días dijo:

"Como suele suceder en estos casos, el primer grupo de *rock and roll* surgió entre los más jóvenes; un grupo de adolescentes, casi todos aficionados, que fueron rápidamente reclutados para un programa de televisión". (12)

La omisión del nombre de ese combo –si es que tuvo alguno– mantiene el enigma. A juzgar por sus palabras, parece que dicha experiencia, marcada por el amateurismo, no tuvo repercusión más allá de su presencia en la pantalla chica. Por otro lado es

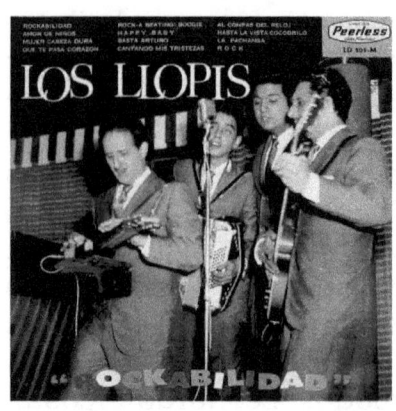

probable que en varios puntos del país, jóvenes inspirados en los modelos norteamericanos comenzaran a tocar dicha música en condiciones precarias. La ausencia de fuentes documentales fiables abre una gran interrogante acerca del dato exacto de la banda más temprana de *rock and roll* en Cuba. Sin embargo, para los efectos de trascendencia mediática, parece no haber dudas sobre el papel de Los Llopis, dentro y fuera del país.

El periodista español Jesús Ordovás, al referirse a la escena hispana, apunta: "el gran público conoció el *rock and roll* más o menos edulcorado y transformado, a través de Los *Teen Tops* (mexicanos), Los Llopis (cubanos)". (13) Otro investigador de igual nacionalidad, Juan Manuel Pardellas, habla sobre "grupos que hacían suyas las canciones de Los Llopis; versiones de Elvis pasadas al español" (14), aunque los identifica erróneamente como oriundos del país azteca. Por su parte Antonio Gómez, afirma: "En muy pocos años el *rock* deja de ser exclusivamente estadounidense para convertirse en universal. En todos los rincones del mundo nacen conjuntos y cantantes que se dedican al *rock*, España incluida. Primero haciendo tímidas imitaciones, en inglés o en un castellano recogido de los grupos mexicanos o cubanos (*Teen Tops*, Llopis)". (15)

Salvador Domínguez, en su monumental obra *Bienvenido Mr. Rock* coloca a los cubanos en la arrancada del género en Hispanoamérica, siendo curiosamente la única referencia que se hace al país en toda su investigación. (16) El historiador guatemalteco Mario Efraín Castañeda Maldonado coincide también en situarlos entre los iniciadores del movimiento continental, mientras en Argentina, Los *Wild Cats* (antecedente de Los Gatos) copiaba alguno de sus temas todavía en 1963.

El cuarteto Los Llopis tuvo múltiples éxitos en Cuba y en sus actuaciones en México, Portugal, Suiza y España hasta principios del decenio siguiente. Formado bajo el nombre Llopis-Dulzaides con otros miembros, venía trabajando desde inicios de los 50 en varios estilos. Por eso sus discos son una mescolanza donde el bolero y la guaracha se codean con versiones al *rock and roll*: "*No seas cruel*", "*Estremécete*", "*La puerta verde*", "*Al compás del reloj*" y "*Rock-a beatin boogie*". Reproducía los *hits* foráneos insertándoles un texto en español. En esta tónica Los *Teen Tops* fueron sus más fuertes contendientes.

En honor a la verdad, la huella de los mexicanos ha quedado fresca hasta hoy, mientras el recuerdo de Los Llopis se desvaneció. Los cubanos se apuntaron muy rápido a la pachanga, al tiempo que el grupo encabezado por el cantante Enrique Guzmán fue una auténtica agrupación de *rock and roll*, si bien no grabó su primer EP hasta 1960. Los Teen Tops adaptaron canciones ajenas destacando "*El rock de la cárcel*" *(Jailhouse rock)*, "*La plaga*" *(Good golly Miss Molly)*, "*Confidente de secundaria*" *(High school confidential)*, "*Rey criollo*" *(King creole)* y "*Buen rock esta noche*" *(Good rockin' tonight)*, entre otras. El resultado fue un rotundo triunfo interpretando en castellano un género que muchos asociaban como exclusivo del inglés. Le siguió una avalancha de conjuntos similares como Los Camisas Negras (con César Costa), Los Rebeldes del *Rock* (con Johnny Laboriel), Los *Hooligans* y Los Locos del Ritmo, algunos de los cuales llegaron a escucharse en radios y vitrolas nacionales.

Es bueno recordar que Cuba era una plaza fuerte en lo musical, y recibía a un buen número de los más cotizados artistas de la época: Los Chavales de

España, Tony Bennett, Johnny Mathis, Nat King Cole, Sarah Vaughan, Lucho Gatica, Pedro Vargas, Renato Carosone y otros. Desafortunadamente el *rock and roll* no tuvo la misma suerte. En 1956 el cabaret Tropicana gestionó la visita de Elvis Presley, sin conseguirlo. En enero del año siguiente Fluffy Hunter y su grupo actuó en los teatros Rodi y América, en la capital, y la italiana Jula de Palma se presentó en una revista en Tropicana con música de *rock and roll*. Cerrando 1958 Arlena Fontana cantó en el Casino del Hotel Capri, pero la plana mayor del género nunca pasó por la isla. Como anécdotas: en 1959 Phil Trim, futuro cantante de Los *Pop Tops* visitó Cuba con *The Trinidad Steel Band*, y Bert Berns (autor de clásicos como "*Twist and shout*", "*Piece of my heart*" y "*Hang on Sloopy*") llegó a tener por corto tiempo un club en La Habana.

Uno de los factores psicológicos que marcó la historia del *rock* en Cuba fue la imposibilidad de ver en acción a los ídolos que se conocían imperfectamente a través de fotos, la radio y alguna que otra imagen cinematográfica. De ahí, tal vez, el afán imitativo que signó durante un excesivo lapso la producción nacional. A falta del contacto directo con los nombres claves, surgieron los duplicados criollos y con esas copias al carbón funcionó nuestro *rock* por mucho tiempo.

Mientras tanto, la trepidante música seguía imponiéndose. Un reportaje en la revista *Bohemia* comentaba en enero de 1957 que "el *rock and roll* parece haber prendido aquí. Por lo menos entre la gente joven. Prueba de sus terríficos efectos: el 23 y el 24 del pasado diciembre ya no quedaba una muestra de ese disloque musical *made in USA* en los establecimientos de esta capital dedicados a la venta de discos". (17) La casa Humara y Lastra, distribuidora nacional del catálogo de Elvis Presley,

comercializó 50 mil copias de sus *singles* en unos meses; mientras Decca, que atendía la producción de Bill Haley, vendió 12 000 unidades. El articulista Rine Leal mencionaba:
"Como señaló uno de esos jefes de venta: cualquier disco de música cubana que alcance los tres mil discos se considera una verdadera hazaña". (18)

## Guasabeando el rock & roll

A la par que Elvis y compañía imponían su sonido, la otra gran moda era el chachachá, inaugurado por la Orquesta América con *"La engañadora"* en 1953. Charangas noveles y veteranas como Aragón, Sensación, Sublime y las de Enrique Jorrín y José Antonio Fajardo se sumaron al ritmo que trascendió fronteras. También la guaracha y el mambo vivían un momento de plenitud con el Conjunto Casino, Cascarita, Benny Moré, Celia Cruz, la orquesta de Julio Cueva y muchas más.

Dado que estas músicas causaban furor en 1956 fue casi inevitable que se propiciara algún tipo de mezcla con el *rock and roll*, suponiendo que al unirlas el éxito estaría asegurado. Pero los resultados no fueron los previstos. Salvo algunas composiciones aisladas, la mayoría pasó sin penas ni glorias.

En el propio 1956, mientras Los Armónicos de Felipe Dulzaides dieron a conocer su adaptación de *"Rock around the clock";* Celia Cruz con la Sonora Matancera grabó la guaracha-*rock* de Frank Domínguez titulada sencillamente *"Rock and roll"*, y Chico O'Farrill al frente de su orquesta publicó *"Rock and roll cha"*, de su autoría.

Al año siguiente aparecieron *"Cha cha rock"* por la Orquesta Cosmopolita con su cantante El Indio; *"Maestro de rock and roll"*, una guaracha de Pepe Longarela, en versiones del Conjunto Casino (con

27

Felo Martínez en la voz), Lidia Moreno (para discos Musart, en México), y Luisito Valdés y su Conjunto, así como "*El chachachá del reloj*" (sobre el éxito de Bill Haley) donde el cuarteto Los Faxas fue acompañado por la *jazzband* de Julio Gutiérrez. La decana Orquesta Aragón grabó "*Guasabeando el rock and roll*" (Senén Suárez) y "*Quiero ver*" (R. Paz) en ese híbrido de *rock* y chachachá. Una tónica similar la asumió el venezolano Aldemaro Romero, quien grabó con su orquesta en La Habana un tema instrumental de su autoría –etiquetado como *rock-mambo*– bajo el título de "*Rockin´ mambo cha roll*".

En 1958 llegaron al mercado "*Wa pacha rock*" por el cantante Manny López con su Orquesta, así como un disco sencillo con los temas "*Mi rockin´ chá*" y "*Rockin´ guapachá*" del compositor Rosendo Ruiz con sus *Rockin´* Cha. Por su parte, Pepe Reyes presentó "*De prisa*" (*rocking*-cha de Jorge Zamora) con los arreglos y dirección del pianista "Peruchín" Jústiz.

Para 1959 hubo nuevos ejemplos. Otro autor asociado al "filin", Luis Yáñez y *The Cuban Roll*, grabó "*Rocking cha mulata*" y "*El rocking del chachachá*", al

tiempo que Humberto Cané (ex contrabajista de la Sonora Matancera) con su Conjunto *Rock and Roll,* publicó el *single* con "*Negra consentida*" (Joaquín Pardavé) y "*Linda mujer*" (Rafael Duchesne) en la voz –nada menos que– de Miguelito Valdés, el popular "Mister Babalú".

Una mirada a estos autores e intérpretes permite notar que no se trató de figuras nuevas, sino de artistas con fluctuante veteranía, reconocidos muchas veces en otros ámbitos sonoros, que aprovecharon el filón comercial posibilitado por el *rock and roll* para ganar actualidad. Tal vez en esas propuestas algunos puedan rastrear los ingenuos primeros pasos de una fusión que años después se conocería bajo el rótulo de "*rock* latino". De todos modos, la mayoría de los casos citados fueron piezas que mezclaron –con diferentes resultados– elementos de *rock and roll* y ritmos cubanos, pero apuntando fundamentalmente al baile y no a una posibilidad real de mixtura en cuanto a géneros. La tendencia perdió terreno entrando la década siguiente, aunque de modo ocasional, algunas orquestas de la llamada "música popular" (bailable) intentaron nuevamente adaptaciones del *rock and roll*.

### Fin de la inocencia

En la recta final de los 50 surgieron grupos y solistas de *rock and roll* en Cuba. Los Llopis llevaban la delantera, pero sus cambios de repertorio y las giras constantes al exterior les reportaron más éxitos en otras latitudes que en su patria, sobre todo tras apuntarse a la pachanga. Los conjuntos que imitaban a los rocanroleros norteamericanos y mexicanos crecieron poco a poco, pero los cantantes se adueñaron del cetro. Entre ellos, Jorge Bauer, a quien probablemente corresponde el título de primer ídolo nacional del nuevo ritmo.

Carismático y de gran simpatía, entró en los hogares cubanos a través de la pantalla chica imitando a Elvis Presley en 1956. Definido como *chansonier*, abordó tanto el *rock and roll* como la canción romántica de corte italiano y francés, gozando de amplia popularidad entre la pepillería de la época, gracias a sus apariciones en televisión y en el circuito de centros nocturnos capitalinos. Llegó incluso a triunfar en Venezuela, El Salvador y Jamaica, aunque en realidad su estilo tenía poco de original. Como figura más descollante de la primera época del *rock and roll* en Cuba, gracias a toda una maquinaria promocional que lo apoyó, Jorge Bauer se puede considerar entre sus pioneros.

Sin embargo, el suyo no fue un caso aislado de imitación de una propuesta foránea. Centenares de jóvenes en todo el país soñaban con emular a Elvis Presley, a Bill Haley. Bauer lo consiguió, mientras otros, corrían suertes diversas. El trovador Silvio Rodríguez recordaría más tarde: "Cuando tenía ocho o nueve años, tiempo por el que fue lanzado Elvis Presley, hice que mi padre me construyera una pequeña guitarra de formica que me colgaba del cuello para oír Radio Kramer y 'doblar' frente al espejo *«Don´t be cruel»*". (19)

Solistas como Enrique Herrera, Pedro Román, Benny Vidal y Ricky Orlando incursionaban en el género, presentándose en concursos, estaciones de radio, fiestas públicas y privadas, y cuanta ocasión se les pusiera delante. A la vez, otra dirección empezó a perfilarse, si bien no se concretaría con todo su esplendor hasta la siguiente década. Hablo de los colectivos, grupos o combos, todavía en su condición de conjuntos vocales e instrumentales, siguiendo muchas veces las pautas de los ensambles foráneos.

Los Armónicos de Felipe Dulzaides, no abrazó el *rock and roll* a tiempo completo pero lo tocó con un profesionalismo a prueba de balas, desde su debut en el programa "Casino de la Alegría", en julio de 1956. Justamente Felipe había integrado el cuarteto Llopis-Dulzaides, antesala de Los Llopis. Los Armónicos, o simplemente Grupo de Dulzaides como se le conoció a partir de los sesenta, fue una auténtica escuela para instrumentistas de distintos géneros, pero Leonardo Acosta recuerda que: "Felipe fue uno de los

primeros músicos cubanos que incursionó en el *rock* y el *jazz-rock* adaptando piezas de *The Beatles* y otros intérpretes de calidad en momentos en que estos apenas comenzaban a ser escuchados en Cuba". (20)
Otras agrupaciones por esa misma época fueron Los Jaguares (en La Habana), Los *Pretenders* (con el guitarrista Abelardo Busch), Los Corsarios, Los Satélites, Los *City Devils*, Sonorama, Los Astros (de Raúl Gómez), Los Diablos Rojos, Los *Rocking Melodies*, Los Centuriones, *The Fraterns* y decenas más. Unas privilegiaban el desempeño instrumental, a pesar de los parcos recursos del momento. Temas como *"Rumble" (*Link Wray*)*, *"Tequila"* (*The Champs*), *"Rebel rouser"* (Duane Eddy) y *"Sleepwalk"* (Santo & Johnny) figuraron en la mayoría de los repertorios. Otras combinaban canto e instrumentos –o eran sencillamente vocales– en una vertiente deudora tanto de la tradición de conjuntos cantores cubanos como de los que florecieron en Estados Unidos. La modalidad dual también tuvo fuerza, inspirada sobre todo en los Everly Brothers de *"Bye bye love"* y *"Wake up, little Susie"*.
Los *Hot Rock*ers, también conocidos como Los Bárbaros del *Rock and Roll*, merecen una mención especial, pues permite escudriñar en consideraciones del momento. De nuevo le cedo la palabra al saxofonista Leonardo Acosta, artífice del colectivo:
"Eso fue en 1957. Junto con el pianista Raúl Ondina formé un grupo de *rock and roll*, Los *Hot Rockers*. Lo curioso es que a ninguno nos gustaba el *rock and roll*. Era entonces demasiado simple y monótono. Pero encontramos un cantante aficionado, Tony Escarpenter, que se parecía a Tony Curtis y cantaba como Elvis Presley. Estábamos sin trabajo y pensamos que el *rock and roll* podía sacarnos de la penuria. Fue así: hasta viajamos a Venezuela y tuvimos gran éxito, al igual que aquí". (21)

Para 1959, primer año de la Revolución Cubana, el *rock and roll* coexistía en bastante armonía con disímiles variantes de la música nacional y extranjera. En las vitrolas alternaban los discos de Benny Moré, la Orquesta Aragón, Lucho Gatica, *Riverside*, Elvis Presley, Los Panchos, Roberto Faz, Olga Guillot, Daniel Santos y Vicentico Valdés. Además, comenzaron a sonar con fuerza figuras como Paul Anka y Luis Aguilé.

El canadiense Paul Anka (1941) fue el baladista *rock* por excelencia. Junto al éxito descomunal de *"Diana"* (1957) aseguró la continuidad con *"Crazy love"* (1958), *"Put your head on my shoulder"* (1959) y *"Puppy love"* (1960), muchas de las cuales contaron con versiones locales. Como dato interesante hay que decir que escribía sus canciones, a diferencia de la mayoría de sus coetáneos.

En cuanto al argentino Luisito Aguilé (1936-2009), fue el pionero de la hornada de músicos de su tierra que sacudiría a Cuba 30 años más tarde. Arribó como un desconocido en 1959 y tuvo el privilegio de voltear el escenario del *rock and roll* nacional. Su carisma, unido a la habilidad con que fue promovido, lo convirtió en una revelación entre la masa juvenil. Con *"Julia"*, *"Regresa a mí"* y *"La canción que te gusta a ti"* acaparó la atención de un público cada vez más numeroso. En 1960, a raíz de su segunda visita a Cuba, ya era una estrella por derecho propio. Su influencia fue determinante: marcó un hito que se reprodujo después en diversas figuras nacionales, como Luis Bravo y Danny Puga. Junto a Billy Cafaro (1936) —y en menor medida Eddie Pequenino y Sus Roqueros— representó, desde los discos y la radio, a la primera oleada de rocanroleros del Cono Sur que cautivó a la fanaticada cubana.

Hacia fines de los años cincuenta el *rock and roll* gozaba de relativa popularidad en Cuba, rebasando lentamente la inclinación imitativa, mientras los instrumentistas seguían de cerca el desarrollo de sus colegas norteamericanos, buscando puntos comunes. Por citar un caso, el guitarrista Carlos Emilio Morales (de Los Satélites, y que luego integró el grupo Irakere) ha expresado en varias ocasiones que su acercamiento al *rock and roll* llegó tras escuchar a Frank Beecher, de Los *Comets* de Bill Haley, para descubrir más tarde que este provenía del mundo del *jazz*. Cantantes y compositores buscaban un sello de originalidad en la fusión de ingredientes nacionales y foráneos, al tiempo que el idioma español pasaba a ocupar, cada vez más, un sitio preponderante.

Sin embargo, esta etapa lógica de tanteo, no fue seguida por una evolución coherente. Al llegar los años 60, con su cúmulo de cambios y novedades en todos los aspectos de la vida del país, el *rock and roll* creativo se estancó. En lo que concierne a Cuba esta música quedó varada entre el final de una época y el comienzo de otra, aunque nadie aún lo supiera.

**Citas**

1– Delannoy, Luc. *Caliente: Una historia del jazz latino.* Fondo de Cultura Económica, México, 2001, p. 139.
2– www.guije.com/public/cinema/1085/index.htm
3– Herrera, Francisco: "El *Rock* clásico", en *La Provincia*, n. 19, Las Palmas de Gran Canaria, enero 1991, p. 55.
4– Savón, Rubén: "Una autorizada opinión sobre el *rock and roll*", *Show*, La Habana, febrero de 1957, p. 58.
5– "Famoso arreglista cubano opina sobre el *rock and roll*", *Show*, La Habana, enero de 1957, p. 57.
6– "Las tres caras de Bola de Nieve", *Carteles*, n. 4, La Habana, enero de 1957, p. 53.
7– Gutiérrez, Enrique: "El baile no es bueno ni malo en sí mismo", *Carteles*, n. 4, La Habana, 24 de

febrero de 1957. La Habana, pp. 22-23.
8– *Ibídem.*
9– "Podrán televisar el *rock and roll*", *Carteles*, 24 de febrero de 1957, La Habana, p. 53.
10– Agustín, José: *La contracultura en México*, Grijalbo, México, 1996, p. 35.
11– Acosta, Leonardo: *"Descarga número dos: El jazz en Cuba"*, Ediciones Unión, Habana, 2002, p. 71.
12– Ibídem, p. 72.
13– Ordovás, Jesús: H*istoria de la música pop española.* Alianza Editorial S.A., Madrid, 1986, p. 12.
14– Pardellas, Juan M.: *El* rock *en Canarias*, Colección Añaza, España, 1993, p. 24.
15– Gómez, Antonio: "El universo del *rock*", *El País*, Madrid, 15 de diciembre de 1994, p. 1.
16– Domínguez, Salvador: *Bienvenido Mr. Rock*, SGAE, España, 2002, pp. 15-16.
17– Leal, Rine: "El *rock and roll* en Cuba: debe y haber", *Bohemia*, La Habana, 10 de febrero de 1957, p. 32.
18– Ibídem, p. 36.
19– Casaus, Víctor, y Luis R. Nogueras: *Que levante la mano la guitarra,* Letras Cubanas, La Habana, 1984, p. 215.
20– Acosta, Leonardo: *Elige tú que canto yo*, Letras Cubanas, La Habana, 1993, p. 98.
21– Martínez, Mayra A.: *Cubanos en la música*, Letras Cubanas, La Habana, 1983, p. 347.

## Los años verdes (1960-1969)

La década del sesenta en Cuba estuvo marcada por transformaciones que incidieron directamente en el sector artístico y cultural. Fue la etapa de las "Palabras a los Intelectuales", la creación del Consejo Nacional de Cultura y la Unión de Escritores y Artistas de Cuba (todo en 1961), la Escuela Nacional de Arte (1962), la Escuela Cubana de Música Moderna (1967) y el Centro de Contratación y Evaluación de Artistas (1968), el inicio del programa radial "Nocturno" (1966), la inauguración (y posterior cierre) de muchos *night-clubs*, la fundación de la Empresa de Grabaciones y Ediciones Musicales (EGREM, 1964) –que significó también el final de los sellos disqueros privados–, los festivales de la canción en Varadero a partir de 1965, la dramática experiencia de las Unidades Militares de Ayuda a la Producción (UMAP) entre 1965-1967, y la "Ofensiva Revolucionaria" (1968). Todas repercutieron de variadas maneras en los acontecimientos que se van a reseñar en este capítulo.

En cuanto al *rock and roll* en el área internacional, a inicios del decenio experimentó un retroceso momentaneo. La estructura comercial que lo sostenía se tambaleó ante el empuje de figuras lanzadas al mercado, que explotaban un estilo mucho más ligero.

Fue el gran momento de Pat Boone, Brenda Lee, Bobby Vee, Bobby Rydell, Fabian y melódicos similares, que se impusieron en el plano discográfico.

Otra modalidad que ya venía desde la década anterior fue la de los conjuntos cantores que iban desde el trío al quinteto. La recta final de los cincuenta y los albores de los sesenta fueron pródigos en esa clase de grupos: *The Tokens, The Spinners, The Four Tops, The Impressions, The Ronettes, The Temptations, The Marvelettes,* Smokey Robinson *and The Miracles, The Coasters* y un largo etcétera. Los intrincados arreglos vocales, con ingredientes de *gospel, spirituals, blues* y calipso, fueron una influencia importada, que se mezcló con la fuerte tradición existente ya en Cuba.

En Cuba estas apuestas marcharon parejas, aunque la fórmula colectiva dio mejores resultados. Citaría a cuartetos y quintetos vocales que, sin acercarse por completo al *rock and roll* elaboraron un tipo de canción donde mezclaban eventualmente algunos de sus elementos con el bolero, la rumba, el *bossa,* la balada y más. Unos ya venían desde antes y otros se fueron formando a lo largo del decenio: el Cuarteto del Rey, Los Bucaneros, Los Faxas, Los Caribe, el Cuarteto de Meme Solís, Los Modernistas, Los Rivero, Los Prisma, Los Nova, el Cuarteto de Juanito Ayala, Los Piffer, Los Orta, Los *Galaxie,* Los Primos, Lourdes Gil y Los Galantes, Los Pellis y otros, que se encargaron de poner de moda los acoples vocales.

Uno de los más influyentes fue Los Zafiros, considerado la versión criolla de *The Platters.* Su estilo, conectado al *doo-woo* o dúdua (como se le llamaba), con incursiones también en el bossa, el calipso y el *rock* lento, tuvo seguidores como Los Galanes y Los Ases (ambos en Guantánamo), Los Guapeadores (Antilla) y Los *Blues* (Santiago de Cuba). Las reminiscencias del *rock* venían sobre todo por el acompañamiento guitarrístico de Oscar Aguirre primero, y Manuel Galbán después, algo que el norteamericano Ry Cooder reconoció cuando grabó el álbum *Mambo sinuendo* (2001) con Galbán. La trayectoria del cuarteto abarcó casi una década de éxitos, quedando como una leyenda de esos años.

Junto a la proliferación de conjuntos vocales, los solistas mantuvieron su presencia. Entre fines de los 50 y la primera parte de los 60 destacaron Jorge Bauer, Danny Puga, Ricky Orlando, Freddy Ramírez, Alexis Machín, Fabián, Baby Fernández, Dino Freijo, Hugo Veliz, Luisito Nodal, Julio Richard, Guillermo Montes (con su flamenco-*rock*), Eddy Torres, Rolandito Ochoa, Octavio Salazar, Benny Vidal, Jorge Estadella, Ulises Rosell, Tony Escarpenter, Mandy García, Eddy Romero, Pedrito Tamayo, Ray Cuevas, El Cantante Enmascarado, Eliseo Martínez, Lucky Arias y otros, como el actor Julito Martínez que estrenó su Combo en diciembre de 1966.

Valga aclarar que muchos no eran rocanroleros a tiempo completo, aunque tuvieran canciones con ese esquema. A veces la conexión estaba dada por la instrumentación empleada: así como hubo quienes se acompañaron de grandes orquestas, otros buscaron el respaldo entre los combos con su sonido más actualizado. Algunos consiguieron plasmar su repertorio en discos, pero abundaron los que basaron su trabajo en actuaciones, sin llegar a grabar. Debido a sus respectivos circuitos de acción, sobre todo los que no residían en la capital tenían una connotación más localista, sin trascendencia muy apreciable fuera de sus pueblos o provincias.

No obstante, se hace obligatorio destacar la figura de Luisito Bravo, quien junto a Jorge Bauer, compartió el honor de ser las personalidades representativas del primer *rock and roll* hecho en casa. Con apoyo publicitario, imagen agradable y ese "ángel" indescifrable que marca a unos pocos, consiguió grabar un par de álbumes. Su peculiar repaso al cancionero norteamericano legó piezas que en la mayoría de las ocasiones eran simples –aunque efectivas– adaptaciones al castellano de temas de Paul Anka, Neil Sedaka y otros, siguiendo la estela ya marcada por Los Llopis. Los textos podían sonar ingenuos, pero funcionaron. Con *"Elenita"*, *"Oh, Carol"*, *"El fantasma del circo"*, *"Tiernamente"*, *"Adán y Eva"*, *"La fiesta"*, *"Limbo rock"*, *"Joven sin amor"* y *"No me quieres"* atrapó la atención de los fanáticos del *rock and roll*. En 1961, tras una gira por el país, eslabonó una sucesión ininterrumpida de actuaciones en el Cabaret Nacional (Prado y San Rafael, La Habana) que lo convirtieron en el cantante número uno. Sonaba a tope en la radio, en las vitrolas, en la televisión. Emigró poco después y nunca más volvió a hablarse de él.

### *Bailemos twist (bossa y algo más)*

Paralelos tanto al primer *rock and roll* como a la revolución *Beatle* de los 60, surgieron o se afianzaron otros ritmos, nacionales o importados. Por un tiempo tal convivencia fue posible y hasta interactiva; un mismo cantante podía interpretar estilos diversos sin grandes complicaciones. En lo interno se produjo una proliferación de inventos sonoros que funcionaron con bombo y platillo por temporadas. Entre 1962 y 1965 se popularizaron el pilón (Enrique Bonne y Pacho Alonso), el pacá (Juanito Márquez), el batahola (Pablo Cairo), el guajeo (Carlos Gómez), el cubayá (Niño Rivera), el bamboleo (Yudi Vargas) y el mozambique (Pello el Afrokán), entre muchos más. Este último tuvo tal repercusión, en carnavales y los medios de difusión, que eclipsó los primeros ecos de la "invasión británica". Se gestó también el changüí-*shake* de la Orquesta Revé, devenido songo en 1970 por Los Van Van, en cuya base jugó un papel vital el *rock* y el *beat* asimilados por su fundador y compositor principal Juan Formell.

Desde otros países, y junto a una influencia mayor como la del francés Michel Legrand y sus partituras para cine ("Los paraguas de Cherburgo", 1964; "Las señoritas de Rochefort", 1966) llegaron géneros como la balada, el *twist*, el *bossa nova*, el calipso y otros. Englobados con cierto facilismo bajo el calificativo "música moderna" –que también incluía al *rock and roll* y el *jazz*, por ejemplo– fueron la sensación entre la juventud, y en los sesenta muchos combos en todo el país los incluyeron en sus repertorios.

El *twist*, popularizado en Estados Unidos por Chubby Checker y Joey Dee & *The Starlighters*, tuvo en Danny Puga su máximo exponente, con *"Muñequita"* y la versión de *"The twist"* (de Checker). Lo siguieron de cerca Ricky Orlando (que grabó *"Let´s twist again"* como *"Bailemos twist"*), Wilson y su Combo, Eliseo Martínez (cantaba *"Speedy Gonzales"*), Eddy Torres y el cuarteto Los Bambinos. Otros que se acercaron de manera eventual fueron Pacho Alonso (*"Mi paraíso de amor"*), La Lupe con *"Es un hombre"* (del argentino Rocky Pontoni), el cuarteto Los Columbus (*"El vagabundo"*, 1962) y la charanga de Neno González (*"El twist con cha"*, 1964).

Entre los líderes del *bossa* estuvieron Reinel Suárez, Oscar Martín y Regino Tellechea. Cantantes, instrumentistas y compositores se adentraron en esta sonoridad brasilera como el pianista Chucho Valdés, el combo de Armandito Sequeira, Los Bucaneros, Fernando Mulens, Renee Barrios, Frank Domínguez, Miriam Acevedo, Los Rivera, Doris de la Torre (con el grupo de Peruchín), Los Zafiros y un incipiente Pablo Milanés.

El calipso, llegado desde Trinidad-Tobago, estuvo representado por Germán García, Ruth Dubois, Xiomara Alfaro, Nancy Álvarez, Martha Jean Claude, el Cuarteto del Rey, Los Calypso *Boys* y Los Orta, para mencionar algunos. De La Lupe se recuerda su éxito *"Con el diablo en el cuerpo"* de Julio Gutiérrez, que dio título a su primer disco, y Los Zafiros lo llevaron también a su repertorio (*"Y sabes bien"*, *"Bellecita"*).

En el "ye-yé" se apuntaron Los Modernistas (que popularizaron justamente *"La chica yeyé"*, conocida antes en la voz de la española Conchita Velasco), Rosita Fornés, Voces Latinas, Pilar Moráguez y Luisa María Güell, que grabó *"Puppy"*, de Chucho Valdés.

En la estela de los ritmos modernos estuvo el *shake* de Juan Formell que encontró un ideal vehículo difusor en la voz ya consagrada de Elena Burke y canciones como *"Lo material"* y *"De mis recuerdos"*. Pacho Alonso, con el combo del guitarrista Juanito Márquez grabó *"Billy the Kid"*, un ritmo texaca de Enrique Bonne en 1961, que para muchos se ubica en una línea deudora del *rock*. La Lupe hizo una versión bilingüe y sonera de *"Fever"*, el clásico de Otis Blackwell y Eddie Cooley, con arreglos del también guitarrista Pablo Cano, y la Orquesta Aragón presentó en 1961 *"Solamente tú"*, recreación del *"Only you"* de The Platters.

Pero entre todas estas importaciones sonoras la balada, canción *rock*, o *slow rock* fue la que más adeptos alcanzó, incluyendo figuras rara vez asociadas a esa modalidad como Omara Portuondo (*"Y deja"*), Rosita Fornés (*"La noche"*) y Pacho Alonso (*"Juguete"*). Lady Soto, Georgia Gálvez, Víctor Franco, Eva Flores, Gloria Mirabal, Miriam Acevedo (que en 1967 ya interpretaba *"Yesterday"*, de The Beatles), Jorge Pais, Lita del Real, Pilar Moráguez, Yolanda

Brito, Enrique Herrera y Jorge Estadella, así como Teresita Diego, Ileana Vázquez y Juanito Costa con sus respectivos Combos, se contaron entre sus exponentes, sobresaliendo Martha Strada y Luisa María Güell con los éxitos *"Abrázame fuerte"* y *"No tengo edad"* respectivamente, ambos en 1965. El cuarteto de Meme Solís legó *"Otro amanecer"*, uno de los temas medulares de la década, y las Hermanas Benítez publicaron en 1964 su versión de *"Tú serás mi baby"* (el *"Be my baby"* de *The Ronnettes*). Es decir, abundaron tanto las composiciones de autores cubanos como las re-interpretaciones al cancionero internacional. Por citar otro ejemplo, *"Il mondo"* (1965), famoso *hit* del italiano Jimmy Fontana, gozó de varias adaptaciones en el patio.

Además, la historia recoge como el *rock* lento y canción de verano por excelencia *"Cuando calienta el sol"* de los Hermanos Rigual, grabada en México en 1961 por este trío guantanamero. Desde entonces ha sido interpretada (en español, o en inglés como *"Love me with all of your heart"*) por una constelación de nombres: Trini López, Connie Francis, Los *Belmonts*, *The Ventures*, Petula Clark, el Dúo Dinámico, Salomé, Luis Aguilé, *The Lettermen*, Raphael, Gelu, Los Cinco Latinos, Engelbert Humperdinck, Los Pájaros Locos y los irlandeses *The Bachelors* (quienes la colocaron en las listas norteamericanas de popularidad en 1966) entre un largo etcétera.

Si se toma en cuenta que festivales europeos (San Remo, Benidorm, Eurovisión, Torrevieja, Mallorca) y el chileno Viña del Mar marcaban pautas a seguir dentro de la canción, con predominio de la balada y ocasionales conexiones con el *rock and roll*, se puede entonces ubicar también a todos los cantantes mencionados junto al Elvis de *"Love me tender"*, Adriano Celentano, Sandro, César Costa y tantos más.

Otra vertiente que se puso de moda por ese tiempo

fue la del *rock* instrumental. Temas de Duane Eddy (*"Ramrod"*, 1958; *"Peter Gunn"*, 1960), The Champs (*"Tequila"*, 1958), Santo & Johhny *("Sleepwalk"*, 1959), Johnny & The Hurricanes (*"Red River rock"*, 1959), The Ventures (*"Walk, don´t run"*, 1959), The Shadows ("Apache", 1960) y The Tornados (*"Telstar"*, 1962) estuvieron entre los más versionados por los combos cubanos. Incluso el habanero Free American Jazz, uno de los nombres claves del *jazz* de esos tiempos, incorporó una adaptación de *"Raunchy"* (Bill Justis, 1957) durante sus actuaciones en el club La Gruta. Más adelante esta línea se hizo extensiva a diversas canciones, a las cuales se les eliminaba las partes vocales, dejándolas solo en su estructura instrumental como forma de eludir las críticas por cantar en inglés.

## La era de los combos

Mientras los solistas y conjuntos vocales dominaban el panorama profesional, una movida diferente se fraguaba principalmente en los pequeños clubes: los combos. Como asociaciones instrumentales de pequeño formato existían desde un tiempo antes, casi siempre integrando una o dos guitarras, contrabajo (aún no llegaba el bajo eléctrico), batería, percusión, piano y quizás un saxofón o un acordeón. Los creadores vinculados al "filin" también contribuyeron a la consolidación de los combos, que a partir de 1962 ganaron terreno. Interpretaban piezas propias y versiones, y por lo general se nucleaban alrededor de una figura de cierto relieve o de un compositor. Asimismo podían incluir músicos de variada extracción, lo que los convertía en base idónea como acompañantes de cantantes. Entre los más solicitados estaban los dirigidos por Eddy Gaytán (argentino residente en Cuba), Felipe

Dulzaides, Armandito Sequeira, Tony Taño, Juanito Márquez y Chucho Valdés. Pero la verdadera "era de los combos" cristalizó tras el empuje de *The Beatles* y con más fuerza por la llamada "invasión británica" a los Estados Unidos.

Haciendo un poco de historia hay que recordar que en febrero de 1964 *The Beatles* llega por primera vez a Estados Unidos, marcando un interesante cambio en la situación. Los polos hegemónicos de la vanguardia musical se invierten y Gran Bretaña asume el liderazgo en materia de *rock*. Hasta 1966 un diluvio de agrupaciones inglesas tomó por asalto las listas de éxitos a ambos lados del Atlántico. Tras los chicos de Liverpool continuaron *The Rolling Stones, The Kinks, The Animals, The Yardbirds, Manfred Mann, Dave Clark Five, The Hollies, Freddie & The Dreamers* y los irlandeses *Them*; casi todos reproduciendo de diversas maneras la herencia del *rock and roll* y el *rhythm and blues*. Uno de sus rasgos fue la instauración del combo como piedra angular de la música popular. Las pequeñas y autónomas asociaciones vocal-instrumentales desplazaron con rapidez a los solistas imprimiendo además una dinámica presencia escénica.

Los Fantasmas

En Cuba, la impronta de *The Beatles* fue el detonante para una efervescencia por armar grupos musicales, cuando paradójicamente el ambiente para el *rock and roll* se tornaba cada vez menos favorable.

Tras el triunfo de la Revolución en enero de 1959 y el fin de las relaciones diplomáticas con Estados Unidos en marzo de 1960, tuvo lugar un proceso ideológico cuyas repercusiones se dejaron sentir de manera particular en el sector cultural. El discurso conocido como "Palabras a los intelectuales" pronunciado por el primer ministro Fidel Castro en junio de 1961, significó un temprano cambio de timón. En marzo de 1963 criticó específicamente a los jóvenes que "andan por ahí con unos pantaloncitos demasiado estrechos; algunos de ellos con una guitarrita en actitudes elvispreslianas" (1) señalando de manera directa al segmento juvenil amante del *rock* con lo que se inició un calvario para estos que duró varias décadas. A grosso modo se hizo una simplificación de ideas que llevó a asociar casi todo lo anglófono con "el enemigo". En ese contexto, el rechazo al *rock* revistió caracteres inquietantes. Como afirmó el guitarrista y compositor Mario Daly en una entrevista:

"Esta actitud de oposición estuvo condicionada por circunstancias muy específicas, políticas y geográficas, que hace treinta años eran evidentes. Fue una decisión casi unilateral de personas relacionadas con la política cultural aplicada en el país. No se detuvieron a pensar que (el *rock*) era una manifestación artística probada mundialmente y sin lugar a dudas la que más cantidad de personas ha sido capaz de aglutinar en lo que va de siglo [...] En esos primeros años quiso manejarse como un problema ideológico: sin dudas reclamaba atención, pero se manejó mal [...] generó un atraso imperdonable: no había que exagerar tanto". (2)

Un excepcional testigo de la época, llegado desde otro país para colaborar en la Campaña de Alfabetización, fue el mexicano José Agustín, que recordó así los avatares de aquel tiempo:

"En mi viaje de brigadista me llevé a La Habana unos cuantos discos, entre ellos varios rocanroles de Elvis Presley. Una vez en una fiesta me puse a bailar y me dijeron: «ese mexicano es un bitonguito», el nombre que le daban allá a los niños ricos y fresas". (3)

El *rock* fue acusado (sin fundamento alguno) de

«penetración imperialista», y resulta difícil entender qué pudo arrastrar a buena parte de la sociedad hacia ese rechazo a una música que, por otro lado, estaba muy lejos de haber sido creada en los cubículos de la CIA. No fue un daño menor: las heridas de aquellos tiempos siguen abiertas medio siglo después, sin recibir una explicación o disculpa convincente.

Los Dada

En realidad se trató de una situación extremadamente ambigua. En teoría pareció que el *rock and roll* no estaba prohibido, aunque tampoco se le alentaba, sino todo lo contrario. Era una época de disyuntivas, y el *rock* tampoco escapó de eso. La radio aún lo difundía, pero las puertas empezaban a cerrarse. Sus intérpretes perdían apoyo del aparato cultural y poco a poco tuvieron que optar entre diluir su arte para ser aceptados, colgar las guitarras o emigrar. Los más osados asumieron una postura de intransigencia que nunca fue entendida, aunque a la larga fueron ellos, justamente, los que construyeron el grueso de esta historia.

## 1960-1964

Los Alpes, Los Armónicos (Camagüey), Los Atómicos (Habana), Los Atómicos (Holguín), Los Bambinos, Los *Blues*, Los Buitres (Habana), Los Camisas Blancas, Los Camisas Rojas, Los Caníbales, Los Cinco de Sequeira, Combo de Franco Laganá, Los Corsarios (Habana), Los *Cromly´s*, Los Dada, Los Dandys (Habana), Los Deltas (Placetas), Los Desconocidos, Los Diablos Melódicos, Los Diamantes (Cienfuegos), Los Dinámicos (Habana), Los Dinámicos (Sagua La Grande), Dino y Freddy, Los Duplex, Eclipse (Habana), Las Eléctricas Azules, Los Embajadores del *Jazz Rock*, Los Enfermos del *Rock and roll*, Los Fantasmas (Santa Clara), Los Fantásticos, Los Galanes, Los Gatos Negros (Guantánamo), Los Gatos Negros (Habana), Grupo de Ignacio Martínez, Los Guardianes, La Guerrilla de Landy, Los Halcones (Habana), Los Halcones Negros, Los Huracanes (Habana), Irra y sus Cometas, Los Jaguares (Marianao), Los Juveniles (Sagua), Los Kendy, Las Llítens, Los Megatones, Los Mendlys, Los *Morlocks*, Los Naipes, Los Noctámbulos, Los Nunca, Los Persas, Los *Players*, Los Praga, Los Puppy, Los *Rollers*, Los Samurais (Guanabo), Los Telemaco, Los Tornados, Los Ultrasónicos, Los Vampiros, Los Vibrantes, Los *Vikings* (Habana), Ricardito y sus Cometas, Sección Rítmica del Sur, Tommy *Rockers*, Tommy y sus Satélites, Vedado *Jazz*, Virus, Wilson y su Combo

Si bien para llegar al impacto de Los *Beatles* todavía faltaba un tiempo, la cifra de combos se incrementó muy rápido a partir de 1962. Una investigación más acuciosa probablemente consiga sacar a la luz otros nombres, pero lo importante es subrayar que los grupos de *rock* estaban presentes de manera cada vez más fuerte en prácticamente todos los rincones del archipiélago.

## Los años verdes (1960-1969)

Algunos lograron rebasar la elemental primera etapa, se convirtieron en profesionales y permanecieron activos, pero casi siempre a costa de ingentes sacrificios artísticos. Otros mantuvieron su estatus de amateurs, combinando los estudios o un empleo, con la proyección musical.

De toda aquella avalancha inicial hay que señalar en especial a Los Astros (creado en 1959) con sus despliegues coreográficos y su combinación de temas propios junto a versiones. Consiguió arrastrar un numeroso público durante sus actuaciones en 1962 en los clubes Olokkú y Sayonara, ambos en el Vedado habanero, y sirvió como inspiración a muchos músicos que vendrían a continuación. Además, marcó la entrada de Raúl Gómez en el mundo del *rock* quien se convirtió en uno de los compositores y arreglistas más destacados en los años siguientes.

El arsenal instrumental de estos grupos resultaba bastante precario. Todavía el *rock* no había impuesto el predominio tímbrico que caracterizaría el periodo post-psicodelia (a partir de 1966), pero de todas formas se necesitaban guitarras, micrófonos, cuerdas, baterías y equipos de amplificación. Las difíciles circunstancias económicas que se vivían hacían más obvias estas carencias. No obstante, como la necesidad siempre ha mostrado ser la madre de la invención, junto a los combos florecieron *luthiers* y técnicos, improvisados o con estudios, cuya ayuda fue vital para sostener esta música. La expresión «*rock* hecho en casa» prescindió de sus connotaciones metafóricas y se transformó en realidad. Las viejas guitarras criollas («de cajón») eran amplificadas con aditamentos inventados; muchas baterías se construyeron con los materiales menos recomendables, incluyendo aquellos «parches» que se montaban con acetato de radiografías. La agudeza inventiva fue

llevada a sus extremos, lo cual, unido a la fuerza de voluntad, los buenos deseos o las ganas de tocar, salvaron al género de su extinción.
Entretanto, en la arena mundial los conjuntos acaparaban todo el éxito, con *The Beatles* a la cabeza. Había comenzado lo que se conocería como «la década prodigiosa», y que en Cuba se asoció más con los combos hispanoparlantes que con los ingleses o norteamericanos. Así como Estados Unidos tuvo su «invasión británica», nosotros tuvimos una segunda invasión española, diferente a la de 1492, pero invasión de todas formas.

### Cuando los discos de Los Beatles no se podían tener

La música de *The Beatles* se escuchó en Cuba, primero en reducidos círculos de amigos y solo más tarde algunas de sus obras alcanzaron la radio-difusión, pero nunca se comercializó. Lo mismo ocurrió con el resto de los conjuntos británicos citados y, en general, la casi totalidad del *rock* foráneo. Los sencillos de 45 r.p.m. primero, y luego los de larga duración (*long playing*) pasaban de mano en mano hasta acabar inservibles. En cierto modo los músicos nacionales fueron culpables de la efímera vida de aquellos fonogramas: ante la imposibilidad de lograr el acceso a las canciones por otras vías, y apremiados por la necesidad de copiar un repertorio garantizado por el éxito en medio planeta, no quedaba otra alternativa que pincharlos sin descanso intentando duplicar esos sonidos. Era un método primitivo, lento y agotador, pero no había otro.
Si esto sucedía con los discos conseguidos a través de personas que podían comprarlos en sus viajes al exterior, algo peor quedaba para las «placas» grabadas en el edificio ubicado en N entre 21 y 23, en

## Los años verdes (1960-1969)

El Vedado, donde años más tarde funcionaría Radio Enciclopedia. Metálicas, y con una cubierta pastosa sobre la cual se grababan las canciones, su vida era aún más limitada que la de los singles importados: entre el calor y el uso constante se deshacían en pedazos. Pero para los efectos de esta historia su importancia es apreciable pues permitieron acercarse a la música de los grupos extranjeros.

Más adelante se abordará el papel de los medios de difusión, pero ahora vale señalar la dicotomía entre la promoción indiscriminada de productos musicales españoles y la anulación del material anglosajón.

El *rock and roll* en España se formó —así lo aclaran sus estudiosos— a partir de imitaciones más o menos logradas de intérpretes como Los *Teen Tops* y Los Llopis, quienes a la vez recreaban el cancionero de Presley, Richards y Vincent, entre otros. Luego se gestó una oleada de remedos del *rock* anglosajón, y una contraparte que esbozó signos de creatividad.

A partir de la segunda mitad de los sesenta, Cuba estuvo sometida a un bombardeo de conjuntos hispanos. Sus discos tampoco se vendían en las tiendas, pero sus temas figuraban en la radio con bastante asiduidad. Como la selección de la música que se pasaba por los medios corría por la cuenta de personas con diferentes criterios, sumado a la prohibición —nunca declarada de forma oficial, pero no por eso menos inquisitiva— de pasar *rock* anglófono, los artistas ibéricos y, en general, los hispanoparlantes, tenían todas las de ganar. Hay que aclarar que tal movida nunca fue calculada como estrategia comercial desde Madrid o Barcelona, y mucho menos se puede ver en esos grupos a embajadores culturales del franquismo como se ha querido hacer creer (4), sino que fue responsabilidad exclusiva del aparato difusor cubano y quienes lo dirigían en los distintos niveles.

Entre los conjuntos españoles más difundidos en Cuba sobresalieron Los Bravos, Fórmula V, Los Brincos (y su desprendimiento, Juan y Junior), Los Mustang, Los Ángeles, Los Pasos, Los Mitos, Los Javaloyas, el Dúo Dinámico y Los Diablos; en menor medida se escuchó a Los Pop *Tops*, Los Canarios, Los HH, Cristina y sus *Stop*, Los Módulos, Los Pekenikes, Los Sírex, Los Payos, Z-66, Trébol, Los Gritos y algunos más. También se radiaron individualidades como Julio Iglesias, La Massiel, Marisol, Nino Bravo, Raphael, Karina, Bruno Lomas y otros, más cercanos al pop. Sus canciones oscilaban entre versiones en castellano de éxitos anglófonos y temas propios. Un cantautor como Joan Manuel Serrat también aparece asociado a esa etapa, aunque su música no sea *rock*.

El otro bando hispanoparlante estuvo representado fundamentalmente por combos y solistas de México (Los Apson, Roberto Jordán, Los Yaki, César Costa, Manolo Muñoz), Argentina (Palito Ortega, Pintura Fresca, Los Gatos, Sandro, Leonardo Favio, Leo Dan, Los Cinco Latinos), Chile (Monna Bell) y Uruguay (Los Iracundos). Más tarde se pudo escuchar también a los argentinos El Reloj y los mexicanos La Revolución de Emiliano Zapata, entre otros.

Como uno de los grandes contrasentidos de esta situación, los años 60, y por derivación la llamada «década prodigiosa» (incierto periodo que en la práctica abarca más de un decenio) se asocian a la música de esos artistas, más que a la de los anglosajones, sobre todo para el público mayoritario. En esto influyó el programa "Nocturno" (Radio Progreso) del cual se hablará más adelante. No en balde ese segmento social muchas veces es conocido como «la generación Nocturno». Los conciertos ofrecidos por componentes de Fórmula V y Los Diablos, en 1996 y 1997 en La Habana, a un cuarto de siglo de su máxima popularidad, demostraron entre otras cosas, no solo la indudable repercusión que tuvieron, sino también la ausencia de similares referencias nacionales. En ese aspecto los combos del patio marcharon a la zaga.

Entonces, ¿fue la de los sesenta una década prodigiosa para la música cubana? ¿Hubo creatividad, o tan solo un constante reciclaje que enturbió los destellos de posible innovación entre los músicos locales? ¿Por qué los resortes que activan la memoria remiten casi siempre a canciones ajenas? Quizás las respuestas haya que buscarlas en varios detalles pues, si es cierto que la producción nacional de pop y *rock* era reducida, por otro lado lo foráneo llegaba no solo por medio de la radio, sino también de la misma duplicación que se hacía aquí de todo ese material. La grabación y venta de discos había disminuido de modo drástico, tornando difícil la conservación de las obras de autores cubanos. Todo esto llevó a importar una buena parte de los estilos en boga fuera de nuestras costas, con la consiguiente pérdida de identidad que significó tal asimilación acrítica.

Ya para 1966 *The Beatles* era objeto de culto entre la casi totalidad de los aficionados al *rock and roll*. Sus canciones eran el secreto a voces de esos años, y aunque apenas figuraron en la radio nacional, eran conocidas a través de una especie de difusión «subterránea». Discos de *rock* camuflados en carátulas de orquestas cubanas, y estaciones radiales norteamericanas escuchadas a escondidas, fueron los vínculos principales para sus seguidores. La imposibilidad de consumir esa música de primera mano motivó que el aliciente de concebir algo original dejara de ser prioridad, vencido por la necesidad de ejecutar las canciones que el público quería escuchar. Fue quizás una apuesta facilista, pero psicológicamente explicable. El *rock and roll* hecho en Cuba perdió así efectividad, pasando a un mimetismo que significó, entre otras cosas, un estancamiento creativo.

## *La soga*

Hasta la eclosión de los combos a lo largo de todo el país, el *rock* apenas sobrevivió. La variante más popular fue el *rock* lento que, careciendo de la estridencia asociada al género, se permitía el lujo de llegar a sectores más amplios. Por ese tiempo, el disco *Otro amanecer*, del cuarteto de Meme Solís, incluyó temas ligados al *rock*, mientras la canción *rock* "*Estás lejos*", de Pablo Milanés, figuró en el Larga Duración *Presentamos a Los Bucaneros*, de ese cuarteto, sin olvidar a Luisa María Güell, cuyo álbum *Cuando el sol* contenía dos *slow rock* ("*Es mi juventud*" y "*Mi balada*") con el respaldo de Los Átomos de Armandito Sequeira, y los combos de Rey Montesinos y Chucho Valdés, entre otros.

Sin embargo, esta modalidad lenta no fue la única opción. Resultaba más "asequible", pero no era esencialmente la que entusiasmaba a los aficionados más enardecidos. Los ritmos vibrantes habían quedado relegados, hasta ser rescatados por los combos amateurs especialmente a partir de 1966.

Aquí hay que considerar algunas sutiles diferencias que se han mantenido, de un modo u otro, en el ejercicio activo del *rock* en Cuba, al menos hasta la fundación de la Agencia Cubana de *Rock*, en 2008. En primer lugar señalar la separación entre los grupos vinculados a las empresas de contratación artística (profesionales) y los que sobrevivían por su cuenta y riesgo (aficionados o no profesionales). Se trata de una división económica, laboral y de implicaciones sociales, pero no basada en una valoración artística. Los profesionales tienen la ventaja de cierto apoyo institucional (promoción, acceso a los estudios de grabaciones, posibilidades para actuar y una garantía salarial acorde con sus evaluaciones artísticas); beneficios que no disfrutaban los aficionados.

Pero, a despecho de las disparidades de estatus, los repertorios mostraban los signos del verdadero distanciamiento entre ambas posturas. Los profesionales estaban presionados a trabajar con sistematicidad, para lo cual debían lograr el acceso al mayor número posible de personas. De tal modo, en la generalidad de los casos mezclaban versiones y composiciones propias, en géneros diversos, tocando por igual una guaracha que un *rock and roll*. Al no existir siempre la posibilidad de actuar para un público roquero, eran lógicas estas premisas. Los combos aficionados, por su parte, estaban motivados en gran medida por afinidades personales hacia el género, y a la vez debían mantenerse al día en los repertorios, lo cual implicaba estudiar los nuevos *hits* foráneos para poder duplicarlos. Esta imitación provocó, además, la adopción del spanglish como idioma (casi) oficial del *rock and roll* cubano, por parte de quienes no dominaban el inglés. De tal modo se buscaba más la similitud fonética que otra cosa (en el argot callejero se les llamaba «forros»).

Algunos combos se hicieron profesionales: Los Dada, Los Átomos, Los Violentos, Los Barba y otros. También Los Bucaneros, un colectivo con unos cuantos años de actividad y nucleado en torno a Roberto Marín. Fundado como cuarteto vocal, a mediados de los 60 se transformó en equipo vocal-instrumental, sobre todo a raíz de la inclusión de Raúl Gómez (ex Los Astros). El nuevo formato consiguió un equilibrio entre ambas facetas, y en el *rock and roll* facturó un éxito impresionante, que marcó el final de la década: *"La soga"*.

En esa época, sin embargo, la balanza del *rock* se inclinó hacia los aficionados, aventajando en sonido, repertorio y actitud a los combos profesionales. El país pareció convertirse en un hervidero de grupos, aunque La Habana se mantuvo al frente. Cada barrio tenía uno o más, martillando las canciones de *The Beatles*, *The Rolling Stones*, Los Brincos o *The Searchers*. Unos cuantos lograron sobrepasar el estado embrionario y mantenerse en actividad por largos periodos de tiempo; otros, menos afortunados o persistentes, desaparecieron de la noche a la mañana, casi de la misma forma en que habían comenzado.

Establecer un censo aproximado de los combos resulta una proeza irrealizable: el olvido ha cubierto muchos de aquellos nombres. En la inmensa mayoría de los casos no quedaron grabaciones ni fotos: si acaso algún recuerdo borroso en la memoria de los implicados, o transmitido por tradición oral a parientes y amigos.

Es importante subrayar que, sobre todo en los grupos no habaneros, por lo general, el repertorio se conformaba tanto de *rock* anglosajón como del hispanoamericano. En el caso de los capitalinos eran más frecuentes las canciones interpretadas en inglés, incluso cuando eran composiciones originales de sus miembros.

Los Dados Negros

## 1965-1969

Los 5 de 13, Los 5-U-4, 6L6 (Habana), 8SK8, Los Acrílicos, Los Alfa, Los Amigos, Los Anders, Los Apaches (Bauta), Los Apaches (Cienfuegos), Los Apaches (Habana), Los Astrales, Los Atómicos (Ciego de Ávila), Los Atómicos (Habana), Los Bambas, Los Barba, Los Belgas, Los Bosanova, Los Bristol, Los Brutos, Los Bucaneros, Los Búhos, Los Buitres (Antilla), Los Bule Bule, Los *Bull*, Los Cadenas, Los *Camel*, Los Camisas Negras, Los Cáncer (Habana), Los Cangrejos, Los Caribes, Los *Cats*, Los *Centurys*, Los César, Los Chicos de la Flor, Combo de Frank Fernández, Combo de Franklin, Combo de Pepe Santana, Combo de Raulito, Los Cometas (Sagua La Grande), Los Cuervos, Los Dados Negros, Los Dakotas, Los Dan, Los Dandys (Morón), Los DC5, Los Deltas (Guantánamo), Los Deltas (Holguín), Los Deltas (Matanzas), Los Deltas (Santiago de las Vegas), Los *Diamant*, Los Diamantes (Habana), Los Diatónicos, Dimensión Vertical, Los Dinámicos (Habana), Los Dorado´s, Los Dorados, Los Dragos, Los Duendes (Camagüey), Los Duendes (Camajuaní), Los Eléctricos, Los Electrónicos, Electrus, Eliseo y Su Combo, Los Enigmas (Matanzas), Los Escorpiones (Guantánamo), Los Espontáneos, Estrellas Rodantes, Los Fakires, Los Fantasmas (Marianao), Los Fantomas (Ciego de Ávila), Los Fantomas (Holguín), Los Fantomas (Sagua La Grande), Los Fariseos Amen, Los Fedayines, Los Fender, Los Francos, *The Frattern*, Los Gafas, Los Gallos, Los Gatos Negros (Habana), Girón, Los Gnomos, Los Golpes Duros, Los Guyatones, Los Halcones (Lawton), Los *Hanks*, La Hermandad del Sacrificio, Los Hermanos Brauet, Los Hermanos Pineda, Los Himnos, Los *Hot*, Los Impala, Los Jaguares (Cienfuegos), Los Juveniles (Luyanó), Los Juveniles (Matanzas), Los *Kents*

## 1965-1969 (cont.)

Los Kimtus, Los Kinin, Los Kiowas, Klan 9, Los Kulpables, Los Láser (Holguín), Los Lassers, Los *Leef*, Los Lems, Líneas Tridimensionales, Lomby y Sus Estrellas, Los Lisonjeros, Los Llamas, Los Llasgrem, Los Magnéticos, Mayito y Sus Bambinos, Los Medi-Cuba, Los Melódicos, Los Memphis, Los Mensajeros, Los Méridas, Los Metálicos, Los Miders, Los Mikis, Los Mismos, Los Mixtos, Los *Moddys*, Los Modernos, Los *Mux´s*, Los Nocturnos (Playa), Los Nómadas, Los Novaks, Los Novels, Nueva Dimensión, Los Nuevos, Obregón y su Combo, Omega, Los Orta, Los *OVNIs* (Marianao), Los *OVNIs* (Miramar), Los Pacíficos (Habana), Los Pacíficos (Sagua La Grande), Los Panteras Negras, Los Penikes, Los Pencos, Los Picolinos, Los Pitecántropus, Los Planetarios, Los Plateados, Los Pléyades, Los Pop, Los Pops, Los Puntos Suspensivos, Púrpura Oscuro, Quinteto Negro, Los *Readys*, Los Rijen, Los Rítmicos, Los Rivera, Los Riviera, Los *Rounes*, Rudy y Su Combo, Los *Saltman*, Los Saltos, Los Samurais (Ciro Redondo), Los Satélites (Fomento), Los *Seeds*, Los *Selish*, Los Seres y Las Cosas, Los Serios, Sexta División, Los Signos, Los Símbolos, Los Síres, Los Sonámbulos, Sonido 3, Los Sonidos del Silencio, Los Sputniks (Matanzas), Los *Standars* (Santa Clara), Los Tacton, Los Takson, Los *Tax*, Tercer Mundo, Los Terribles, Los Testarudos, Los *Thugs* (Habana), Los Tierras Negras, Los Tifones, Los Tigres, Los Titanes, Los Titánicos, Los TNT, Los Top, TPN, Los Traumas, Los Trébol (Habana), Los Trota, Unión Simple, Vietkong, Los Vikingos (Habana), Los *Vikings* (Habana), Los Violentos, Los *Vostok*, Los *Walkers*, Los *Watts*, Los *Wells*, Los X, Los Xandras, Los Yens, Los Yeti (Santa Clara), Los Yetis (Habana), Los Yogas, Los Yules, Los Z, Zénith

Hay otro factor esencial en esta historia, que no solo fue armada por los combos y los músicos: sus fanáticos. Entre otras cosas porque para complacer a ese público, ávido de escuchar en directo las canciones que no sonaban en la radio nacional, la reproducción del *rock* ajeno se convirtió en la norma. Se trataba de un sector con una afición cultivada en difíciles circunstancias sociales, que motivó una cohesión o sentido de pertenencia a un colectivo, casi rayano en el sectarismo. De ahí que ese mismo público mostrara no solo su pasión bulliciosa por el *rock*, sino también un rechazo a otras tendencias sonoras.

Dimensión Vertical

Se agudizó el abismo entre sus aficionados y los seguidores de la música popular cubana, y surgieron nombres para definirlos, como «pepillos» y «guapos» respectivamente. La hostilidad oficial hacia los «pepillos», unida a cierta postura de automarginación, cortó las probables vías de comunicación; el diálogo devino monólogo, y los fanáticos del *rock and roll* a pesar de los decibeles de sus canciones se encerraron en un mutismo: del ruido al silencio.

## Bolero hippie

Mundo multicolor y extrovertido, el de los seguidores del *rock* revistió características nuevas en el país. Se pusieron de moda las minifaldas, los pantalones ajustados o acampanados, y lo principal: el pelo largo masculino, verdadero dolor de cabeza para sus practicantes. Por supuesto, todo esto generó críticas encarnizadas por parte de quienes veían peligrar el concepto de «hombre nuevo» propugnado por la moral socialista, así como por los custodios de «lo cubano» que tampoco pudieron aceptar esa visibilidad desbordante. En la prensa se les ridiculizó y atacó con palabras como las del compositor José Antonio Méndez, para quien "*Pastilla de menta* a toda hora – junto con la minifalda y el pelo largo– son exteriorización del deseo de copiar, no son productos cubanos. Importaciones que no han surgido por necesidad interna". (5)
Tal pesadilla no fue vivida solo en Cuba. Jóvenes de medio mundo se enfrentaron a un rechazo similar desde las instancias de poder, que los estigmatizaron con duros calificativos, permitiendo incluso desmanes y agresiones contra los «raros». Fue en ese contexto que surgió, en Estados Unidos, el movimiento *hippie*.
Cuando en septiembre de 1965 el periodista Michael

Fallon acuñó por primera vez el término en un diario de San Francisco, California, para definir a incipientes núcleos juveniles que comenzaban a llamar la atención, ganó instantaneo protagonismo mediático. De manera curiosa, solo unos meses antes, en febrero, el norteamericano Allen Ginsberg (1926-1997) y el argentino Miguel Grinberg (1937), escritores y futuros ideólogos del hippismo en sus países, habían aterrizado en La Habana, invitados por la UNEAC.

En muchas naciones *rock* y hippismo fueron asumidos como sinónimos, y aunque existían puntos comunes, la relación no era exactamente tan estrecha como parecía. De todas formas *hippies* y roqueros cayeron en el mismo saco para sus críticos. Como recuerda el mexicano José Agustín:
"Se los difundía como jóvenes mugrosos, holgazanes, parásitos y drogadictos. La extrema derecha, rednecks, kukluxklanes y casi todo el gobierno les cobraron verdadera animosidad y los satanizaron para que los rechazara la mayoría silenciosa". (6)

En «extraña» coincidencia, esta situación, descrita para Estados Unidos y México, también se aplicó en Cuba. A mediados de la década, en la capital cubana comenzaron a nacer los primeros grupos de *hippies*. Algunos llegaron a formar combos de *rock*, como Los Chicos de la Flor o Los *Thugs*, y en general existía entre ellos un gusto generalizado hacia esa música, el pelo largo, etc. Pero sus (supuestas) "extravagancias" y su apoliticismo –cuando no su abierta discrepancia con el curso sociopolítico del país– estuvo entre las razones esgrimidas para su censura y represión, y que se identificara a cualquier joven con esa tipología como un enemigo declarado de la Revolución.

Que una parte de los *hippies* cubanos fue desafecta al sistema no implica el significado que se le quiso dar. En todos los estratos sociales existieron y existen

personas con mayor, menor o ninguna integración al proceso revolucionario. Pero los *hippies* cargaron con el sambenito de todas las culpas, reales o fabricadas.
En mayo de 1968 la revista Bohemia abordó el fenómeno hippie internacional en un artículo. Meses depués, en septiembre, se produjo una gran redada policial en La Habana, conocida como «la recogida de Coppelia», que fue reflejada así en la prensa:
"Alentados por los héroes de papel del imperialismo e inspirados por el funcionamiento de sus pandillas juveniles, pretendieron dar una estructura a su desorganización. De inmediato comenzaron a surgir grupos o bandas a los que identificaban con diferentes nombres, entre ellos: *The Zids*, Los Chicos *Now*, Los Chicos Melenudos, Los *Betts*, Los Chicos de la Flor, Los Chicos del Crucifijo, Los del Palo, Los Sicodélicos, Los del Banano, Los del Tercer Mundo, etc. Estas bandas merodeaban por distintos barrios de la capital". (7)
A continuación citaba algunos de esos puntos de reunión: la heladería Coppelia, el Hotel Nacional, las proximidades del reparto Fontanar, el parque de diversiones *Coney Island*, el parque Almendares y otros, mencionando además la circulación entre esos jóvenes de lo que llamó "literatura banal", ilustrando con una foto (8) donde se ven revistas como *Sixteen Magazine*, de corte estrictamente musical.
Al margen de otras consideraciones este artículo ilustra los prejuicios contra el *rock* y sus seguidores. El ambiente se había enrarecido para ellos, a partir de una errónea política que el trovador Vicente Feliú sintetizó en una entrevista años más tarde:
"Lo que querían sencillamente era sacar de la circulación de la ciudad de La Habana a aquella turba de gente que le jodía la vista a La Habana, porque unos eran maricones, los otros tenían el pelo largo". (9)

## Los años verdes (1960-1969)

Fue una manipulación que hizo un daño mayor a largo plazo, que el supuesto mal que intentó atajar. Junto a las acusaciones de sesgo machista o de un férreo nacionalismo, una de las favoritas fue la de «diversionismo ideológico». Pero, realmente ¿en qué consistía ese calificativo?

"El diversionismo es una labor encubierta, solapada, que consiste en criticar al marxismo desde posiciones supuestamente marxistas, con un falso ropaje revolucionario, progresista, o a lo sumo aparentando imparcialidad u objetividad; que trata de introducir en las filas revolucionarias las ideas contrarias al socialismo, presentándolas como socialistas, o como favorables al socialismo, o como ideas nuevas, «superiores» a las del socialismo, que lo mejoran o perfeccionan. El diversionismo imperialista se dirige a minar, desde adentro, las fuerzas del socialismo, relajar sus bases ideológicas, introducir concepciones burguesas, mellar los principios básicos de la teoría científica, entorpecer o frustrar los planes de desarrollo, desvirtuar los objetivos principales de la economía y en la formación comunista de las masas dividir y sembrar la desconfianza en el seno de las fuerzas populares, tratar de desacreditar a los dirigentes, crear en definitiva, un ambiente de relajamiento de los principios socialistas y de inconformidad en las masas, que sea caldo de cultivo para un retroceso ideológico, político y social que conduzca gradualmente a la derrota del socialismo". (10)
Cabe preguntarse en qué medida el pelo largo, las guitarras eléctricas, determinadas modas en la vestimenta y el *rock* representaban un peligro real para el país. La terminología era lo suficientemente ambigua como para que cada funcionario, director de escuela, oficial del ejército o simple ciudadano con ínfulas de extremista la interpretara a su modo. Pero el rechazo fue implacable, abusivo demasiadas veces

y –lo que es peor– tristemente impune. Raquel Revuelta, prestigiosa actriz y directora de Teatro Estudio, ofreció un testimonio:
"Era una época muy oscura. Yo recuerdo que se veía como un acto revolucionario el acto fascista de salir a la calle con unas tijeras a cortar pelos". (11)
Curiosamente, mientras aquí se les acusaba de estar en contra de la Revolución, en Argentina "los *hippies* fueron mal vistos y –por momentos– perseguidos, argumentando que eran vagos, sucios y comunistas". (12).
De qué manera un mismo grupo juvenil podía ser visto como contrarrevolucionario y comunista a la vez, según el país, sólo demuestra que quienes los atacaron sintonizaron en manipular los pretextos a conveniencia: los *hippies* resultaban incómodos en cualquier sociedad. Por encima de diferencias ideológicas, sus detractores en Cuba y en otros países, creyeron ver en ellos, sin razón alguna, al "enemigo necesario". Y sobre esa base actuaron. Respecto a Cuba, esto se aplicó casi sin distinciones a rocanroleros, *hippies*, pepillos y frikys.
Con el paso del tiempo hay quienes han querido minimizar los estragos, justificando tales posturas como excesos pasajeros de funcionarios menores. Quedaría por dilucidar los verdaderos niveles de responsabilidad en cada instancia, pero el daño es tan innegable como inexistente su reparación.
En poco tiempo los *hippies* fueron extirpados de la vida social del país. El *rock,* conectado o no con esa tribu urbana, también sufrió los embates de la intransigencia gubernamental, pero sobrevivió, no sin acusar los golpes.

### *Tiempo de terminar*

A partir de 1967 los combos despegaron en forma meteórica. Los que ya existían se mantuvieron o renovaron, otros desaparecieron y una buena hornada se sumó. Fue una época donde las futuras coordenadas que marcarían al género quedaron trazadas. El *rock* como cultura «subterránea» consolidó posiciones pese a la maquinaria puesta en su contra. Transcurridos más de diez años, su espíritu de generar controversia parecía incólume.

Los Kents

A la par de los combos hubo otras propuestas que, si no impulsaron al *rock* en toda su dimensión, mostraron signos de su influencia. Una de ellas fue la Orquesta Cubana de Música Moderna, cuyo debut en mayo de 1967 en el teatro Amadeo Roldán fue un auténtico suceso. Dirigida por el consagrado Armando Romeu, reunió a instrumentistas jóvenes y veteranos, y ensambló un repertorio cuya novedad principal residía en la adopción desprejuiciada de cualquier género musical, siempre concebido y adaptado a sus requerimientos. Su versión de *"Pastilla de menta" ("One mint julep",* de Rudy Toombs) fue una de las piezas emblemáticas de la época, junto a arreglos de piezas de *Blood, Sweat & Tears.* Otro caso, ese año, fue el del combo de Senén Suárez, que tras participar en la Exposición Internacional de Montreal, Canadá, comenzó a interpretar canciones de *The Beatles* (*"And I love her"*, *"Penny Lane"*) mezclándolas con ingredientes de la música popular cubana.

Eventos como los Festivales de la Canción, celebrados en Varadero desde 1965, y los Encuentros de la Canción Protesta, a partir de 1968 –organizados por Casa de las Américas– ambos con carácter internacional, aunque carecían de un firme ligamento con el *rock*, dieron diversidad al panorama. Jenny Luna (Italia), La Massiel (España), Los *Novi* (Polonia) y el inglés Roy Harper, entre otros, actuaron en el país Todo eso pese a que 1968 fue, en palabras de Leonardo Acosta:

"El año más desastroso que conocemos para la música popular cubana y en general para el desenvolvimiento normal de la vida social del país, a causa de medidas administrativas (una mal llamada y peor aplicada «ofensiva revolucionaria») cuyas consecuencias negativas estamos sufriendo casi 30 años después, a pesar de todas las "rectificaciones" reales o simuladas". (13)

La «Ofensiva Revolucionaria» decretada en marzo de 1968, implicó también una «ley seca», nunca oficializada pero efectiva, que llevó al cierre de los centros nocturnos estatales, representando un golpe para la música en particular. Por suerte o desgracia los combos de *rock* sobrevivían presentándose en fiestas particulares y escuelas, casi siempre lejos del circuito de clubes y cabarets, por lo cual, en teoría, no tuvieron problemas. Pero al endurecerse la situación económica general al final de la década, también ellos se vieron afectados. Pese a tales descalabros, el camino se preparaba para los 70, cuando sobrevendría la explosión rockera por excelencia, con los grupos aficionados dominando la escena.

En 1969 surgieron dos agrupaciones que marcaron pautas, aunque destacaron más en el periodo siguiente: el Grupo de Experimentación Sonora del ICAIC y la orquesta Los Van Van. Si bien ninguna se declaró abiertamente roquera, construyeron sus trabajos con no pocos de sus elementos. El GES proporcionó un fondo electrónico para la incipiente nueva trova, mientras Juan Formell daba concreción a su experimento del changüí-*shake* al frente de su colectivo, publicando un disco debut con joyas como "*Las campanas del amor*", "*Yuya Martínez*" y el bolero "*Marilú*" que condensaban la mayoría de sus influencias como compositor, algunas tomadas del *rock*. Fue un indicio de cómo este género permeaba otras músicas.

Finalizaron así los años 60, la «década prodigiosa» que había revolucionado muchas de las concepciones del mundo, y no solo desde el punto de vista artístico o cultural. En Cuba, sin embargo, el *rock* seguía en la mirilla. La escasez de creatividad invalidaba de alguna manera las producciones nacionales pero, justificaciones aparte, la historia demostró que fue una etapa necesaria, de estrategia psicológica más que musical, una búsqueda de identidad (aunque no lo pareciera) que cristalizó al cabo de un tiempo. Se desvanecieron los últimos efluvios del *beat*, para dar paso a sonidos más enérgicos. Apostar por el *rock* continuó siendo un acto comprometido ante el cual muchos sucumbieron o se replegaron. Otros lo abrazaron con vocación casi suicida. Lo más importante fue que este *rock* hecho en casa, criollo por adopción, cruzó la línea divisoria hacia los setenta y se mantuvo pese a todos los embates en su contra. También en Cuba los cabellos habían comenzado a crecer.

**Citas**:
1– Castro, Fidel: *El Mundo*, No. 20, 599, 14 de marzo de 1963, Habana, p. 5.
2– Martínez, Mayra Beatriz: "Monte de Espuma",

*Somos Jóvenes*, No. 138, noviembre 1991, La Habana, pp. 45-46.
3– Agustín, José: "*Diario de brigadista. Cuba 1961*", Lumen, 2010, México, p. 164.
4– González Rojas, Antonio Enrique: "Disonancia personal con la Década Prodigiosa". *El Caimán Barbudo* 264, septiembre-octubre 2011, p. 28 y 29.
5– Orejuela, Adriana: "*El son no se fue de Cuba*". Letras Cubanas, 2006, Habana, p. 324.
6– Agustín, José: *La contracultura en México*. Grijalbo 1996, México, p. 68.
7– Echarry, Alfredo: "Los chicos del cuarto mundo", *Juventud Rebelde*, 12 de octubre de 1968, La Habana, p. 6.
8– idem.
9– León, Carlos E.: "Las cuatro virtudes capitales de Vicente Feliú", "*Mamá yo quiero saber*", Letras Cubanas, 1999, Habana, p. 216.
10– Tesis y Resoluciones del I Congreso del PCC, Departamento de Orientación Revolucionaria del Comité Central del Partido Comunista de Cuba, La Habana, 1976, p. 224.
11– López Sánchez, Antonio: *La canción de la Nueva Trova*. Atril, 2001, Habana, p. 85.
12– Romay, Héctor: *Historia del rock nacional*, Bureau Editor S.A., Argentina, 2001, p. 17.
13– Acosta, Leonardo: *Descarga número 2. El jazz en Cuba 1950-2000*. Unión, 2002, Habana, p. 137.

## Humo en el agua (1970-1979)

Los años 70 consolidaron al *rock* tanto al nivel internacional como dentro de Cuba. Presupuestos estéticos heredados de la década anterior desaparecieron casi sin dejar rastro, mientras otros se mantuvieron y algunos más se ajustaron a las nuevas coordenadas. En cuanto al país lo más importante es que prosiguió su presencia a pesar de la censura y el rechazo. Se puede decir que en este periodo sus bases principales se afincaron, dejando atrás la superficialidad y euforia inicial, aunque predominó el mimetismo, salvo escasas (y honrosas) excepciones.

El final de los sesenta evidenció la caducidad del canon *beat*. El temprano impulso proporcionado por las canciones de *The Beatles*, sin desaparecer del todo, empezó a menguar ante propuestas más ambiciosas. La psicodelia fue el detonante principal para dos estilos que alcanzaron vigor en este decenio: el *rock* progresivo (cuya representatividad en Cuba siempre fue bastante limitada) y la variante más cultivada en el país, el *hard rock* con todas sus derivaciones.

Comenzó así la duplicación acelerada del material de *Led Zeppelin, Deep Purple, Black Sabbath* y *Grand Funk Railroad*, principalmente, así como las canciones más conocidas de *Rare Earth, Guess Who, Credence Clearwater Revival, Doobie Brothers*, Santana, *Bachman Turner Overdrive* y otros, sin descartar las que sobrevivieron de la década anterior. Estilos como el *glam*, el *rock* sinfónico, el *jazz-rock* y el *blues-rock* tardaron en captar imitadores.

La edición del Festival Varadero 70 tuvo una repercusión significativa. Entre los invitados estuvieron los italianos *Dik Dik* ("*Il primo giorno di primavera*") y grupos punteros del *rock* español como Los Bravos, Los Ángeles y Los Mustang (que un año más tarde grabó su versión de "*La batea*" del cubano Tony Taño). Transmitido por la televisión, el evento puso esas actuaciones al alcance del público nacional, pero también fue el último gran contacto directo con el *rock* internacional. A partir de entonces las opciones se vieron canceladas casi por completo hasta nuevo aviso.

Los Signos

## Humo en el agua (1970-1979)

Para abordar los cambios que estaban ocurriendo en el *rock* de Cuba hay que comenzar por los repertorios. El ya citado *hard rock* fue la fuente básica de la cual se nutrieron los grupos en la medida que se iban poniendo al día y que a falta de un flujo de discos se copiaban de transmisiones radiales desde Estados Unidos. A la vez, la repetición de canciones produjo cierto esquematismo. Se intentaba responder a la demanda del público que quería escuchar los temas «famosos» que no sonaban en los medios de difusión nacionales, por lo cual la generalidad de los combos terminaba tocando las mismas piezas, sin mucha diferencia entre unos y otros.

En todo caso la diversificación dependió muchas veces de la disponibilidad de instrumentos. Esta fue otra característica que se enfatizó en los 70, aunque ya había dado sus primeros pasos en el decenio previo. Por ejemplo, la influencia de bandas con secciones de metales –*Blood, Sweat and Tears, Chicago, Ides of March,* Los Canarios– fue muy destacada, y no solo entre los músicos de *rock*. Creadores asociados a la salsa, de la importancia de Giraldo Piloto y Paulo FG reconocieron más adelante el impacto que les causó escuchar esas agrupaciones durante sus años formativos. El percusionista José Luis Quintana, "Changuito", comentó en una ocasión:

"Yo empecé con Los Van Van en el 70 y oía mucho a Bobby Colomby, me marcó muchísimo, era el baterista de Sangre, Sudor y Lágrimas". (1)

En Cuba se incorporaron elementos del *funk*, el *soul* y huellas del primer *jazz-rock*. Se dio el caso de combos que se desdoblaban instrumentalmente para abarcar diferentes repertorios, empleando o prescindiendo de la cuerda de metales según la ocasión. Otra vertiente en boga fue el afro *rock,* antecesor directo de lo que luego se comercializó con la etiqueta de "*rock* latino". Santana, *War, Rare Earth*, Barrabás y Osibisa, entre otros, así como el intenso *funk* de James Brown, redondearon una vertiente con fuerte base percutiva, y que influyó mucho en Cuba, donde no había que ir lejos para hallar buenos tamboreros.

Se reprodujeron los temas más famosos de *Free, Shocking Blue, Jefferson Airplane/Starship, ZZ Top, Argent,* Johnny y Edgar Winter, *Iron Butterfly, Blue Oyster Cult, Steppenwolf, Blues Image, Bad Company, Kiss, Lynyrd Skynyrd, Foghat, Montrose, Kansas, Nazareth, The Monkees, Boston,* Peter Frampton, Van Morrison, Alice Cooper, Jimi Hendrix, *Badfinger, Three Dog Night, Journey* y los arriba mencionados. Canciones de otras etapas, de Elvis a Janis Joplin, pasando por los omnipresentes *The Beatles*, eran bazas seguras, así como el material importado desde España que llegó a alcanzar notable peso en algunos grupos nacionales.

Se generó el primer culto al instrumentista del *rock* hecho en casa, como un sello que tipificó la década. Si al inicio las agrupaciones se formaban muchas veces alrededor de un cantante, o de una persona que disponía de instrumentos y equipos de amplificación, y que podía ni siquiera ser parte integral de la banda, o ejercer como manager, la progresiva complejidad del material tornó imprescindible la presencia de buenos ejecutantes, sobre todo si eran impecables reproductores de los sonidos que se buscaban. De esta manera el liderazgo experimentó un cambio sustancial.

La guitarra, como eje central de esta música, ocupó un rol clave. Contar con un buen guitarrista era casi sinónimo de éxito seguro. Esto no significa que antes no existieran buenos instrumentistas. Entre fines de los 50 y el decenio siguiente Alfonso Fleitas Quicutis, Ignacio Martínez, Coky Calvet, José Manuel Lafont, Pedro Melo, Roberto Pérez Elesgaray, Carlos Emilio

Morales, Conrado Wilson, José Benjamín López ("Vilo") y otros, habían sacado lo mejor posible de las seis cuerdas. Pero en la medida que el instrumento tuvo un mayor protagonismo, muchos se dedicaron a estudiar y reproducir los pasajes solistas de Jimi Hendrix, Ritchie Blackmore, Eric Clapton, Jimmy Page, Mark Farner, Carlos Santana y exponentes de similar calibre y popularidad.

Joaquín "Kino" Bermúdez

Fue el despunte de Jorge Luis Valdés Chicoy, Fernando del Toro, Pepe Santana, Juan Sebastián Montes ("Chano"), Jorge Fernández ("Pepino"), David García Joubert, Omar Pitaluga, Joaquín Bermúdez ("Kino"), Pedro Cañas, Jesús Vázquez ("Chucho") y Arturo Fuerte, entre otros. Unos tenían formación académica, aunque para una música tan alejada de lo formal como el *rock* esto sirviera de bien poco. Otros eran autodidactas que insistían estudiando con los gastados discos y los maltrechos cassettes.

El afán de tocar más y mejor no resultaba nocivo, aunque se perdía de vista un detalle, y es que: "la verdadera musicalidad no concierne solo a la ejecución, sino también a la expresión". (2) Siendo las canciones definitivamente ajenas, la identificación del público con ellas, y por tanto con sus intérpretes locales, era puramente sensorial, y tendía a conectar con un mundo cultural y estético que se conocía de manera imperfecta. Por otra parte, no es arriesgado afirmar que el "novedoso" concepto de duplicar una obra del modo más fiel posible, aunque presente de muchas maneras en el decursar de la música, llevaba el germen de su propia autodestrucción.

No obstante, el *rock* cuenta con una larga tradición cantable. Esto se aprecia fácilmente en su historia pese al éxito de algún tema instrumental. Sin dudas los vocalistas jugaron siempre un papel meridiano. En Cuba, si bien los guitarristas pasaron a ocupar un lugar privilegiado, los cantantes siguieron siendo el foco de atención. Leo Cartaya, Jorge Bruno Conde, Alexander Domínguez, Manuel Echeverría "El Salsa", Lázaro Valdés, José "Polito" Vargas, Orlando Vega, Pachy Hanks, Arturo Aruca, Otto Herrera, Micky Maya, Félix Dickinson, José Luis Bastidas, Juan Carlos Rodríguez y otros, a veces con más carisma que facultades, fueron protagonistas de aquel *rock* mimetizado hasta los tuétanos, pero que convocaba a miles de jóvenes.

### Techo de vidrio

La primera mitad de los 70 produjo una notable cifra de nuevos grupos, al tiempo que se mantenían algunos veteranos. El combo "de barrio", armado por amigos con más entusiasmo que posibilidades, siguió funcionando como eslabón primigenio, pero la escena fue dominada por las bandas estables, con integrantes más fogueados. Otro detalle interesante fue proporcionado por las llamadas «guerrillas», asociaciones informales con músicos de distintas procedencias, reunidos para ocasiones específicas, aunque las hubo también que llegaron a funcionar con cierta estabilidad.

La similitud de repertorios impuso una nota de uniformidad. Se reciclaban las mismas canciones, con mínimas variaciones, aunque fuera de La Habana predominó más la fórmula pop (sobre todo copiando canciones de las bandas españolas) que el *rock* cañero, no tanto por elección natural sino como un método de supervivencia en contextos sociales más cerrados e intolerantes que el capitalino. Por lo general los temas se escogían de las listas de popularidad en Estados Unidos, al ser el referente geográfico más próximo, y se adaptaban a las posibilidades de cada combo. El formato básico consistía en dos guitarras (líder y rítmica), bajo y batería, con un cantante solista, o la tarea vocal asumida por alguno de los instrumentistas. De modo ocasional se agregaban percusiones (tumbadoras, panderetas) o harmónica, mientras el piano eléctrico y el órgano apenas figuraban, por razones económicas que los convertían en inalcanzables para el bolsillo de los músicos. El acordeón, presente en etapas tempranas, cayó en desuso, mientras las secciones de vientos (saxo, trompeta y trombón) se emplearon en número variable.

Casi nada quedó grabado para la posteridad, y la única opción para conocer la labor que hacían era asistir a las fiestas, si se podía entrar. El «concierto» –como se le conoce hoy– no estaba arraigado, mientras los sitios de presentación variaban desde lujosos salones en hoteles, celebrando los cumpleaños de quinceañeras, hasta patios de escuelas, pequeños teatros y clubes, casas particulares, fiestas populares y zonas de *camping*.

¿Cuál era la situación para acercarse al quehacer de los combos de *rock*? Así lo recuerda Humberto García Manrufo, integrante de Sesiones Ocultas:

"Nosotros llegamos a tocar en la calle porque no podíamos tocar en ningún lugar que tuviera puertas y ventanas, ya que la gente las rompía, subían por las azoteas, rompían los cristales por entrar en las fiestas. Recuerdo que teníamos un camioncito para movernos a los lugares. Los viernes, sábados y domingos se ponían gentes en las esquinas esperando que saliera el camión. Entonces iban detrás. Nosotros íbamos a tocar a Santiago de las Vegas, a Bejucal, y cuando llegábamos y nos veían descargar los instrumentos, desde allí telefoneaban a los amigos para decirles el lugar. Y era lo mismo: rompían todo por entrar". (3)

Tales peripecias se repetían con las principales agrupaciones de cada zona. Era una efervescencia que llevaba a sortear verdaderos peligros, solo por un rato de disfrute. Además, no solamente era difícil entrar a las fiestas; la aglomeración de un público joven con aspecto tan "llamativo" o inusual para los cánones sociales provocaba en reiteradas ocasiones la intervención de las fuerzas del orden. Con frecuencia los músicos y sus seguidores terminaban la noche en la estación de policía más cercana.

Sesiones Ocultas

## 1970-1974

4 Más 1, 6L6 (Matanzas), *Afrobeat*, Almas Vertiginosas, Los Andes, Antunez, Los Apaches 73, Árboles de Naranja, Arenas Cumbres y Estrellas, Los Astros (Matanzas), Los Astros (Sancti Spíritus), Banda Hershey, Los *Biblians*, Big Ben, *Black Ground*, *Black Power*, Los Cambios, Los Caminantes, Los Capry, Cenizas de Acero, Los Cianuros, Los Clan, Los Click, Los Clímax, Los Colores de la Vida, Combo de Aníbal Tarafa, Los Cometas (Cárdenas), Los Conmans, Los *Crows*, Los Cuales, Cuarto Mundo, Los Dalton, Los *Danger*, Los Diamantes Negros, Diversas Razones, Eko, Los Enigmas (Playa), Los Escorpiones (Ciro Redondo), Los Explosiones Musicales, F-71, Las Flores Plásticas, Frank y Su Combo, Los Frecuencia, Los Frenéticos, Fuly y Su Grupo, Geyser (Habana), Los Golpes (Habana), Los Golpes (Guantánamo), El Gran Fogón, Grupo de Adrián, La Guerrilla de Bejucal, La Guerrilla de Donny, La Guerrilla de Jimmy (Víbora), La Guerrilla Presión, Los Guerrilleros, Los Hicsos, Los Hidra, Las Hierbas Crecen, Los Hitachis, Los *Hook*, Los *Hulmans*, Los Huracanes (Baracoa), Igualdad Humana, Illamba-By, Los Imaginarios, Impacto (Santa Clara), Los Incógnitos, Los *Iron Flowers*, Los Jácara, Kama Sutra, Los *Kew*, Korpus, Lágrimas Negras, Los *Lee*, *Lex Soul*, Luces y Sombras, LV6, Las Mariposas de Hielo, Martes 13, Los Más, Los Mayas, Los Micros (Santa Clara), Los Migs (Camaguey), Los Míos, *Musical Power Man*, Los Naifes, La Nueva Escuela, Nueva Generación, Nuevamente Solos, Los Piedras Negras, Los Pirámides, Primera Generación, *Private Property*, Los Pumas, Los Rápidos, Los Rayos Rojos, Los Relámpagos

> **1970-1974 (cont.)**
> Los Robles, Los *Rolands*, Los Romeros, Los *Rudys*,
> S.O.S. (Habana), Safari, Los Satánicos, Los Senen,
> Sesiones Ocultas, Sexta Edición, Los Sigma
> (Habana), Los Sigma (Santo Domingo),
> Los Sintéticos, Los *Siouxs* (Habana), Los *Siouxs*
> (Yaguajay), Los Soles Nacientes, Sombras Blancas,
> Sonido 5, Sonido X, Los Sonidos del Bosque,
> Los Sotanas, Los *Standars* (Palma Soriano),
> Los Subterráneos, Los *Sunflowers*, Los Tarantos,
> Los Tempo, Los Tempus, Los *Thugs* (Habana),
> Los Trampas, Los Triunfos, Última Edición,
> La Última Palabra, Los Ultra, Los Vientos,
> Los Vikingos (Matanzas), Los Walfas, Los Watusis,
> Los *Youngers*, XYZ

### Historia común

Si el *hard rock* fue predominante, otros estilos también se asimilaron: algo de *blues-rock*, *rock* sureño, *funk* y el pop melódico. Un caso curioso fue el dueto de Mirta y Raúl, equivalente criollo de Sonny & Cher. Con sus canciones pegadizas y el acompañamiento de Los Dada y Los Magnéticos, marcó un referente de esos años. Grupos en esa cuerda pop (Los Dan, Última Edición, Los Novas, Onda 7, Los Llamas) alcanzaron relativa popularidad.

Es bueno recordar el carácter colectivista del *rock* hecho en Cuba, donde los solistas no recuperaron protagonismo tras los días iniciales. Moviéndose principalmente hacia la balada-*rock* (y ni siquiera con gran presencia en los repertorios) su impacto se centraba en los cabarets. Alberto Herrero, Alexander Domínguez, Jorge Estadella, Ojedita y unos pocos más, serían ejemplos de esta dirección minoritaria. A diferencia de países que gestaron cantantes de alta

## Humo en el agua (1970-1979)

popularidad o influencia (Tom Jones, Miguel Ríos, Moris, Janis Joplin, Joe Cocker, Vasco Rossi, Bruno Lomas, Udo Lindenberg, Neil Young, Javier Bátiz, Van Morrison, Johnny Hallyday, David Bowie), en la isla el *rock* ha sido dominado por las bandas.

Por estas fechas el Grupo de Experimentación Sonora del ICAIC, con sus reminiscencias eventuales de *rock*, puso una nota interesante y polémica a la vez. Su trabajo recibió contundentes críticas por parte de los sectores más aferrados al esquematismo de la "nueva canción", pero dio un primer paso en la fusión de trova y *rock*. En otro plano, el Ballet de Camagüey estrenó la obra "Opus 2", en 1971, con música de *Pink Floyd*, al tiempo que el *jazz-rock* asomó tímidamente (Condiciones Humanas, Opus 70, La Banda Loca, algunas guerrillas) aunque sin los niveles de relevancia que cultivó a partir de los años ochenta.

En esta década los grupos alcanzaron una madurez interpretativa que puso las bases para la creatividad del siguiente periodo. Pero como un contrasentido, al transcurrir su primera mitad vino un declive. Por una parte estuvo la imposibilidad de lograr reconocimiento oficial, laboral o social interpretando una música que seguía asociada al enemigo. A esto se sumaba el natural desgaste físico pasados los ímpetus juveniles iniciales. Ambos factores influyeron en la gradual ralentización de la escena.

También la segunda mitad de los 70 presenció el surgimiento del *punk* y la música disco, con diferentes grados de repercusión en Cuba.

El primer *punk* en Gran Bretaña llegó con altas dosis de inconformidad y anarquismo en rechazo a la galopante comercialización de un amplio sector del *rock*. Tuvo un trasfondo socioeconómico canalizado en verborrea de choque y música visceral, como parte de una estética contracultural que, para no variar, fue pésimamente recibida por la crítica establecida y la mayoría de las figuras visibles del *rock* que, a la vez, servían de tiro al blanco para los cabecillas *punk*. En Cuba la poca prensa que habló del asunto lo tachó sin atender razones, mezclando las viejas acusaciones hechas al *rock* con nuevos ataques desde posiciones extremistas. Solo así se entiende la diatriba del musicólogo Leonardo Acosta quien, junto a la mención de nombres que nada tenían que ver con el *punk* (Kiss, Alice Cooper, *Outlaws*) lo descalificó al considerarlo: "...un subproducto del *acid-rock* y el *heavy-metal*... una manifestación fascistoide que se complace en el sadomasoquismo, el histerismo y la homosexualidad". (4)

En contraposición, el músico británico Chris Cutler, sin cantar loas al movimiento, ofreció una visión distinta:

"La Nueva Ola *(New Wave)* con su inicio popular en el *punk*, fue una respuesta a la opresiva e insípida escala de comercialismo, gigantismo y espectáculo que el *rock* había alcanzado a mediados de los 70 [...] Los mayores elementos progresivos del *punk* recayeron en su insistencia en la diversión, su rechazo a la industria pop y a la tiranía del dinero (los costosos equipos) y la habilidad, también en sus mecanismos alternativos de producción y circulación". (5)

El *punk* marcó un punto y aparte en la historia del *rock*, pero la evolución en Cuba era distinta y por tanto sus coordenadas no encontraron terreno fértil. No había que contrarrestar un gigantismo inexistente, una comercialización impensable, un exceso de virtuosismo que no se había alcanzado. No estaban «quemadas» las etapas para llegar a las conclusiones que motivaban a los jóvenes músicos (o no-músicos) en otros países. Tampoco la moda *punk* con sus cortes de pelo estilo «mohicano» y cabezas rapadas, tuvo muchos seguidores, ya que el pelo largo masculino, lejos de ser un signo caduco, implicaba todavía un alto grado de actitud contestataria. En realidad el *punk* nacional solo se fraguó más adelante, alcanzando sorpresiva fuerza ya en el siglo XXI.

En cuanto a la música disco, «la fiebre del sábado en la noche», fue el regreso de la pasión por el baile. Al igual que el *punk*, fue una reacción a un *status quo*. No hay que olvidar que "el *rock and roll* se inició como una música para bailar, y cada vez que se alejó demasiado de un buen ritmo, comenzó algún tipo de rebelión". (6)

El crítico español Paco Herrera apuntó: "Prevaleciendo siempre el ritmo sobre los textos y mejorando con los años en imaginación, la *disco music* es una moda universal en la segunda mitad de los 70. Por entonces, dotadas ya con monumentales medios técnicos, un total sonido aplastante y en un ambiente colectivo que favorece el acercamiento, las discotecas cuentan con música específica, exclusivamente diseñada para bailar. Lo cual motivó un rechazo entre los círculos del *rock* y la discriminatoriamente calificada música disco, difícilmente superado con los años, ya que a la afición le resbala olímpicamente el tema". (7)

En un coctel de *funk*, ritmos latinos, *soul* y disco, canciones de *Commodores, Silver Convention, Chic, KC and The Sunshine Band* (con el cubano Fermín Goytisolo en las congas), *Boney M*, Donna Summer, Gloria Gaynor y *Bee Gees* ganaron adeptos en todo el país. Algunas incluso llegaron al repertorio de los combos nacionales. La afectación principal se hizo sentir cuando las fiestas (que seguían siendo el espacio principal de presentación para los combos) cambiaron a favor del nuevo estilo, priorizando la música grabada. El *rock* se vio obligado a batirse en retirada. En general la música disco no generó creadores nacionales, ni siquiera como imitadores fervientes. Algún grupo se apuntó a la moda, más por inercia que por replanteamiento del sonido, pero la reproducción mecánica, gracias a los DJ de la época, fue la responsable de su éxito.

Estas contradicciones marcaron la recta final de los 70. Era obvio que el *rock* necesitaba nuevas energías y sobre todo un reordenamiento de valores. Estar a merced de lo que otros hacían fuera de Cuba, para luego intentar actualizarlo en el patio, resultaba un frustrante callejón sin salida.

---

### 1975-1979

6L6 (Santa Clara), ABC, Altas Presiones, Arte Vivo, Combo de Ángel Savón, Conexo, Enigma (Habana), Escrituras Hebreas, Estudio 6, Fuego, Grupo de Edito, Habana *Express*, Imágenes, *Kontack*, Kotán y Su Pandilla, La Banda Loca, La Guerrilla (Santo Domingo), La Guerrilla de Arístides, La Guerrilla de Eddy "El Cojo", La Guerrilla de Guille Tapia, La Guerrilla de Jimmy (Habana Vieja), La Guerrilla de Leyva, La Guerrilla de Mandy, La Guerrilla de Tamayo, La Guerrilla del Chardo, La Guerrilla del Conejo, Lazer, Liga Social, Los Caguas, Los Dandy, Los Gens, Los Larsons, Los Lazos, Los Micros (Cojímar), Los *Pool*, Los Psicodélicos, Los Seres Indomables, Los Sigma (Bauta), Magenta, Meditación, Monserrat, Oasis (Alquízar), Órbita 1, Panorama, *Plectrum*, Profundidades Grises, Red, Retorno (Habana), RH, Síntesis, Sistema 6, *Sprint*, Tiempos Nuevos (EJT), Trébol (Habana), Última Generación, Valle de Picadura, VC, Viento Solar

---

### *Las cosas cambian*

A partir de 1975 se sumaron nuevas agrupaciones. Algunas mostraron ser efímeras, por diversos motivos; otras tuvieron que esperar el cambio de década para salir a flote. Como signo premonitorio se dio una ligera tendencia a alejarse del *hard rock* en boga. El rango instrumental ya no se equiparaba a lo que había sido antes. Muchos buenos músicos no desperdiciaron la oportunidad de hacerse profesionales y mejorar su calidad de vida, sin importar el género que tocaran. Esto, por lógica, mermó las filas de una serie de grupos.

Síntesis

Por su singularidad, las experiencias de Síntesis y Arte Vivo merecen comentarios aparte.
Síntesis comenzó bajo el liderazgo del cantautor Mike Porcel, antiguo miembro de Los Dada. El grupo fue el primero que incursionó con seriedad en el *rock* sinfónico, y su nexo con el Movimiento de la Nueva Trova le garantizó representatividad institucional. Su disco debut, *En busca de una nueva flor,* con una ínfima circulación nacional, se convirtió en objeto de culto. Sobre esta obra el crítico mexicano Víctor Roura opinó:

"Cuando el grupo Síntesis editó el primer disco, *En busca de una nueva flor*, en 1979, era evidente el intento de sus integrantes por introducirse al esquema del *rock* avanzado luego de atentas audiciones de álbumes de *Yes* o *Pink Floyd*. Pero a la hora de plasmar sus ideas en el acetato se encontraban con la dificultad de fundir sus letras con la música porque, después de todo, los miembros de Síntesis se hallaban más próximos al ejercicio vocal de la Nueva Trova que a los tonos trepidantes del *rock*. El resultado fue un disco ambiguo, que oscilaba entre la más estupenda propuesta rocanrolera y las facetas «progres» de la novedosa Trova". (8)

Descartando unos pocos álbumes de Luisito Bravo, Danny Puga y Los Bucaneros, o los sencillos de 45 r.p.m. grabados por Los Barba y Los Dada, entre otros, este puede considerarse el primer fonograma de *rock* cubano. Más adelante el grupo desarrolló un estilo de trabajo diferente, lejos del sinfonismo de su ópera prima, pero su huella quedó como un hito.

Aunque existía desde un poco antes, Arte Vivo se consagró como trío en 1978, con reconocimiento en el Concurso para Jóvenes Intérpretes convocado por la UNEAC, y una tónica experimental que unía improvisación, música concertante y *rock avant garde*. Guardaba puntos de contacto con obras de *Henry Cow* y el *free jazz*. Como todo lo "diferente", su propuesta no fue bien entendida ni por la mayoría de los seguidores del *rock*, ni por las instancias culturales. Su baterista Enrique González confesó más tarde:

"Fue un grupo que hizo época, un grupo sin precedentes en la historia de la música cubana, pero también fue un grupo que no obtuvo respuestas por parte de la Dirección Nacional de Música, por su dirigencia. Es decir, hubo una respuesta muy insustancial que socavó el trabajo que veníamos realizando". (9)

No sorprende comprobar que ni Síntesis ni Arte Vivo generaron émulos en Cuba. Tal vez la condición iconoclasta de sus trabajos los situó como inspiración indirecta para algunos creadores, pero no hubo quienes los siguieran de forma declarada, quedando como casos aislados en el *rock* nacional.

En este decenio arribaron al país grupos como *No To Co* (Polonia) y los finlandeses *Fenómeno Doppler* y *Piirpauke,* abriendo una puerta que parecía cerrada desde Varadero 70. También Billy Cobham hizo una visita breve a La Habana para deleite sobre todo de los jazzistas que pudieron verlo y descargar junto al legendario ex baterista de *Mahavishnu Orchestra.* El XI Festival Mundial de la Juventud y los Estudiantes, en el verano de 1978, posibilitó ver a los polacos Czeslaw Niemen, Maryla Rodowicz y *Dwa Plus Jeden, Puhdys* (Alemania), *Fonograf* (Hungría), *September* (Yugoslavia) y los italianos *Area* (con su cantante Demetrio Stratos) entre otros. Un año más tarde los húngaros *Lokomotiv GT* ofrecieron varios conciertos, y las cosas mejoraron en ese sentido.

Los medios de difusión empezaron a programar más *rock* foráneo. La televisión, por lo general bastante reacia, exhibió materiales de Italia y la República Democrática Alemana. Espacios como "Meridiano" y "Juntos a las nueve" permitieron ver en la pequeña pantalla a grupos cubanos (RH, Los Magnéticos, Los Dada y Primera Generación). Además, y siendo un suceso que mostraba el impacto del *rock* entre los músicos cubanos, el guitarrista Leo Brouwer presentó en abril de 1978 su concierto "De Bach a Los *Beatles*" interpretando, desde una perspectiva clásica, composiciones de los chicos de Liverpool.

Un evento que pudo haber funcionado como estimulante para la escena resultó totalmente desaprovechado: el Encuentro Cuba-Estados Unidos, conocido como "*Havana Jam*", en marzo de 1979. Por primera vez en largo tiempo artistas de ambos países compartieron en el capitalino teatro Karl Marx. Entre los visitantes estaban Kris Kristofferson, Rita Coolidge, *Weather Report*, Billy Joel, Stephen Stills, Mike Finnegan, Bonnie Bramlett, Billy Swan y *Trio of Doom* (John McLaughlin, Jaco Pastorius y Tony Williams). La parte cubana la integraron Los Papines, Irakere, el Conjunto Yaguarimú, la Orquesta Aragón, Elena Burke, Sara González, Juan Pablo Torres, Frank Emilio y algunos más, sin la menor conexión con el *rock*. El contraste de propuestas fue abismal: mientras los estadounidenses mostraban sus sonoridades más actuales, la representación nacional – exceptuando el *jazz* vanguardista del colectivo de Chucho Valdés– se enfocó en géneros tradicionales con más de media centuria de antigüedad como bolero, chachachá y rumba.

Sin una promoción efectiva (tendiendo más bien al secretismo) el acceso a los conciertos estuvo fuertemente restringido, de modo que muchos interesados y conocedores se vieron imposibilitados de asistir. Esta práctica discriminatoria fue común durante un tiempo para este tipo de espectáculos que involucraban a artistas extranjeros.

Girón

Haciendo el balance de la década, en materia de *rock* se aportó muy poco. Es cierto que hubo un mayor énfasis en la labor instrumental por parte de algunos músicos, pero sus capacidades se limitaban a copiar las canciones foráneas. El surgimiento de nuevas bandas disminuyó en las postrimerías de esta etapa. Intentos como los de Arte Vivo y Síntesis todavía distaban de ser propuestas con peso. La imitación seguía marcando el trabajo de los combos en una espiral con síntomas de asfixia, y el aparato cultural oficial vivía de espaldas al *rock* que se facturaba en las calles. "*Smoke on the water*" (*Deep Purple*) devenía "himno no oficial" del género en Cuba, reproducido sin cansancio desde entonces.

El panorama derivaba, inexorablemente, hacia el siguiente paso: la búsqueda de un acento propio.

**Citas:**
1– Orejuela, Adriana: *op. cit.* p. 385.
2– "*...now craft and emotional expression had become entwined, we suddenly realized that true musicianship was not concerned only with execution, but with expression*". Cutler, Chris: *File Under Popular. November Books*, Inglaterra, 1991, p. 111.
3– García Manrufo, Humberto: Programa radial "Buenas noches, ciudad". Archivo del autor.
4– Acosta, Leonardo: *Música y descolonización.* Arte y Literatura, La Habana, 1982, p. 282.
5– "*The most progressive element of punk lay in its insistence on fun, its rejection of the Pop industry and of the tyranny of money (expensive equipment and skill); also in its alternative production and circulation mechanisms*". Chris Cutler: *File Under Popular, November Books,* Inglaterra, 1991, p. 25.
6– *Rolling Stone Illustrated Encyclopedia of Rock and roll, Summit Books,* Estados Unidos, 1983, p. 135.

7– Herrera, Francisco: "La música Disco: fiebre del sábado en la noche", *La Provincia*, Las Palmas de Gran Canaria, 8 de septiembre de 1991, p. 59.
8– Roura, Víctor: *Negros del corazón*, Molinos de Viento, México, 1984, p. 85.
9– González, Enrique. Archivo del autor.

## Después (1980-1989)

Para el recuento mundial del género, los años 80 fueron los del *rock* corporativo. Detrás quedaban las utopías *hippies*, el fervor y la libertad de los comienzos, las audacias experimentales. Ahora la industria del entretenimiento se apoderaba de casi todo. El *punk* había sido un revulsivo pasajero que no logró cambiar demasiado las cosas, mientras el *rock*, en su gran acepción, pasaba a ser menos un arte que un lucrativo negocio. No todo entró por el aro: algunos bolsones de resistencia subsistieron de muy varias maneras, pero a grandes rasgos, el escenario empezó a tornarse predecible.
El periodista español Paco Herrera sintetizó el decenio de esta manera:
"Dejando a un lado a la insistente sobrecarga metálica, que también viene a ser lo mismo de antes, solo que puesto al día, el *new beat*, la inesperada vuelta cantautoril, la adulteración del *soul* y el descubrimiento musical de África, simplificaban la pobreza imaginativa que caracterizó el *rock* de los años 80". (1)
Lo cierto es que tras las revoluciones marcadas por el *punk* y la disco, que echaron por tierra buena parte de los presupuestos que habían sostenido al *rock* hasta ese momento, vino una etapa de cooptación por parte de los consorcios disqueros.

Después (1980-1989)

En Cuba, por supuesto, se marchó por senderos diferentes. Había terminado otra década sin cambios apreciables en la postura general hacia el *rock*. No fue casual que, a raíz del éxodo por el puerto del Mariel, entre abril y agosto de 1980, muchos músicos eligieron emigrar en lo que fue uno de los momentos más dramáticos y dolorosos en la historia insular. Paradójicamente en estos tiempos comenzaron a llegar algunos grupos extranjeros de *rock*, mientras esa proyección internacional también hallaba espacio en los medios de difusión.

Sin embargo, año y medio después de aquellos tristes sucesos del Mariel, lo que parecía imposible se materializó durante tres noches, en diciembre de 1981, en el patio de la Casa de Cultura del municipio Plaza de la Revolución: el evento Invierno Caliente. El festival, con la participación exclusiva de bandas de la capital, profesionales y aficionadas (Los Dan, Sputnik, el Grupo de Mayito Romeu, Los Dada, Los Magnéticos, Géminis, Electra y Arte Vivo) fue un muestrario de la situación que atravesaba el género. Salvo muy escasas excepciones predominaron las versiones y los temas cantados en inglés. El periódico Juventud Rebelde lo reseñó así:

Sputnik con Jorge Ortega en Festival Invierno Caliente

"No es el *rock* un género musical íntimamente ligado a nuestro quehacer, pero no puede ignorarse ni desdeñarse su influencia en la música actual de todo el mundo, pues no somos ajenos a la composición contemporánea". (2)

Más allá de si la prensa decidía la pertencia o no del

*rock* al quehacer nacional, Invierno Caliente contó con un notable respaldo de público, aunque salieran al paso las incomprensiones de siempre, quedando como una experiencia sin continuidad durante muchos años.

Por otro lado, el festival sirvió para dar visibilidad a los «frikis», que vinieron a sustituir a los *hippies* en el proceso de estigmatización hacia los seguidores del *rock*. Reunidos inicialmente en grupos de amigos (Los Perros, Los *Wizards*, Los *Champions*, Los Huesos, Los Falcon, Los *New Power*, Los Gatos, Los *Frikies*, Los Zombies, Los *Black Spiders*) como nueva «tribu urbana», este segmento poblacional juvenil empezaba a dar qué hablar. Norma Vasallo, profesora de la Facultad de Psicología de la Universidad de La Habana, lo explicó de esta manera:

"Creo que hay prejuicios en relación con ellos. En algún momento se identificó el pelo largo y ese modo de vestir con problemas ideológicos y mucha gente tiende a clasificarlos como delincuentes o contrarrevolucionarios a priori. Eso no se justifica: no es que los crea marxistas leninistas, pero en esa población aparece de todo, como en la población cubana en general. En el caso de muchos de estos muchachos que pueden parecer problemáticos, lo que necesitan es una orientación [...] Requieren atención diferenciada y la sociedad está obligada a dársela". (3)

Transcurrida la etapa embrionaria, centrada en el baile y la pertenencia a esas "pandillas", el término "friki" definió desde entónces al núcleo más visible de los simpatizantes del *rock*. Generó además un sentimiento de identificación y orgullo que pasó por encima del empleo peyorativo que otros le daban.

A pesar de que en ciertos aspectos el festival Invierno Caliente fue un éxito –reuniendo a varios grupos sobre un mismo escenario, con (mínima) repercusión en la prensa, y un alto nivel de convocatoria– la escena no consiguió despegar. Golpeada por la emigración de muchos de sus cultores, la inconsistencia del reciclaje de material foráneo y los ataques institucionales, fue sintomática la escasa cantidad de agrupaciones surgidas en el primer lustro, a la par que continuaron en activo Los Dada y Los Magnéticos que ya en esa etapa mostraban irregulares acercamientos al *rock*, y se reformaron –por períodos de variable duración– Los Hitachis, Almas Vertiginosas, Nueva Generación y Sonido X, entre otros.

Descontando a los grupos profesionales, que por lo general, mantenían líneas de experimentación con elementos de *jazz*, géneros tradicionales cubanos y hasta música clásica, en los repertorios de los aficionados seguían dominando las versiones e imitaciones al cancionero internacional. El festival Invierno Caliente había mostrado el peso que conservaban los *covers,* aunque su reinado estaba próximo a terminar.

---

## 1980-1984

Los Álamos, Los Astros (Vueltabajo), *Autoshock*, BCY, *Burbles*, Cactus, Cráter, Delta (Habana), Eclipse (Habana), Electra, En Vivo, Esfinge, Evolución, Los Experimentales, Extra, *Flash*, FM, Galaxia 2000, Géminis (Habana), Génesis, GMR, Grupo de José María Vitier, La Guerrilla de El Rincón, Hemiun, Jaivot, Lombrices, *Mercury*, Mezcla, Los Migs (Habana), Monte de Espuma, Oasis (Habana), Odras, OVNI, Proyecto Clímax, Rhodas, Sílex (Habana), Los Simétricos, Somatón, Sputnik, Tiempo Cero, Tránsito, Trébol (Caibarién), Los *Trimers*, Venus, Virgo, Los Zombis

Después (1980-1989)

## *Del metal más duro*

El *hard rock* de los setenta abonó el terreno para la corriente de intensidad que sacudió los 80. La nueva ola del *heavy metal* británico fue el detonante para una dirección que acaparó la atención de muchos cultores del género. El área internacional se llenó con la potencia de Van Halen, *Def Leppard, AC/DC, Judas Priest, Scorpions,* Ozzy Osbourne, *Rainbow, Iron Maiden,* Barón Rojo, *Krokus, Banzai, Loudness, Quiet Riot* y *Motorhead,* entre un ramillete de bisoños y consagrados apuntados al estilo. En Cuba prosiguió la ficticia comodidad de las versiones, aunque algunos grupos –sobre todo entre los aficionados– comenzaron a mostrar interés por incursionar en la creación propia, oscilando entre el inglés y el español, el pop-*rock,* el *rock* duro y el nuevo *heavy metal* con sus corrientes derivadas. Es en este contexto de continuidad y ruptura que hay que situar a Venus por el papel que desempeñó en el cambio ocurrido, mediando la década.

El quinteto capitalino debutó a fines de 1982 con códigos inusuales para su época, al dinamitar dos de las bases que sostenían al *rock* hecho en Cuba. En primer lugar renunció a la aparente seguridad que brindaba el acto de hacer versiones. Por un cuarto de siglo se había acostumbrado al público a esperar solo la reproducción lo más fiel posible de los éxitos foráneos. Esto no significa que antes todo fuera *covers.* Hubo agrupaciones que mezclaron material propio y versiones, aunque por lo general pesaban más estas últimas en sus repertorios. Otros ejemplos, como Síntesis y Arte Vivo, desarrollaron sus creaciones dentro del *rock* progresivo. Pero Venus insistió en interpretar solamente composiciones originales en la vertiente *heavy.* Recibido al inicio con sorpresa por el público, y con indiferencia, suspicacia o antagonismo por la mayoría de sus congéneres, su obra comenzó a influir en una generación de músicos que, todavía como simples espectadores, asistían a sus presentaciones.

El segundo elemento que lo singularizó fue el empleo del español en todas sus canciones. Tampoco fue el primero en hacerlo. Sobre todo entre los profesionales era algo bastante recurrido. Pero el *rock* "de la calle" se sustentaba, de preferencia, en el inglés, o alguna equivalencia fonética, hasta en los casos de quienes a veces escribían sus temas. Como señalaba Carlos Rodríguez Obaya, director de Los Gens.

"Lo que sí ese público no te permitía era que cantaras en español". (4)

*Venus*

Venus descartó la rigidez de esa aseveración e hizo, justamente, lo que se suponía que el público no iba a admitir. Romper la monolítica tendencia a interpretar música en un idioma ajeno fue una audacia. Si el momento era propicio o no, el grupo lo fue descubriendo sobre la marcha. La pauta de presentar solo material propio, en nuestra lengua, y sin emplear versiones como «gancho» para atraer público, lo situó primero como una rareza, y luego como catalizador en la transformación que vino a continuación.

Con el tiempo su primacía en esos aspectos se ha puesto en entredicho, cuestionada por músicos que reclaman la posición de pioneros. Sin embargo, hasta donde esta investigación alcanza, no hay dudas razonables sobre su rol como la primera agrupación del *rock* aficionado –«de la calle»– que renunció por completo a interpretar versiones, priorizando su creación, y sin emplear el inglés, presentando todas sus canciones en español. Estos dos elementos sustentaron la base de lo que comenzó a desarrollarse como un movimiento nacional.

En palabras del crítico Eduardo del Llano:

"Cuando buena parte de nuestra cancionística popular estaba –y está– signada por una bochornosa banalidad, Venus cantaba sin teques contra la guerra imperialista, se descubrían fascinados por la ciencia-ficción, cantaban al amor y la orgullosa autoconciencia del roquero. También empezaron a prestar atención al espectáculo que un concierto *rock* significa, y con sus modestos medios trataron de vestirse y utilizar luces y efectos a la manera en que el género va a la escena en todo el mundo". (5)

Sin embargo, para el grupo el cuadro no fue idílico. Presionado de todos los modos posibles, se le atacó con argumentos que hoy sonarían risibles pero que en aquellos momentos erosionaron su trabajo, terminando por anular la experiencia. El bajista Roberto "Skippy" Armada recordaba:

"Tuvimos problemas con otros grupos y con el público porque muchos seguían aferrados al *rock* en inglés. Si no era en inglés no podía ser. Entonces no lo veíamos así y seguimos en nuestra línea hasta que por 1986 los grupos comenzaron a cambiar y a hacer sus textos en español. También pensamos que con esa línea de trabajo íbamos a tener algún apoyo de las instituciones, tanto para nosotros como para los demás, pero ese apoyo nunca llegó. Al contrario, sucedió que tuvimos que desintegrarnos en 1988. Estuvimos un año inactivos por todas las presiones que se nos hicieron. Creían que éramos los causantes de que la juventud se desviara ideológicamente, y se nos filmaron muchos vídeos que se mostraban [en las escuelas] como algo malo juvenil que existía en la calle". (6)

El grupo representaba un interesante camino dentro del *rock* que se hacía en Cuba, pero no fue valorado así por los extremistas culturales que veían enemigos en todos lados. Eduardo del Llano describió la tensa situación vivida por el colectivo:

"A Venus empieza a mirársele con desconfianza por determinadas actitudes de una fracción de su público, por vestirse "extravagantemente", por su desmedida fama. Se les programa cada vez menos, pierden el local de ensayos. A fines de 1987 están prácticamente desintegrados, y en enero del 88 dejan de existir [...] A Venus se le consideró el eje de los problemas que a veces creaban sus devotos y otros que imaginaban ciertos individuos. No se les apoyaba pero se les exigía por cualquier cosa que no saliera bien". (7)

También el Centro de Estudios sobre la Juventud circuló en 1987, entre los cuadros de la UJC, un documento titulado "Consideraciones acerca de las manifestaciones de la música *rock* y su incidencia en la población joven". Allí se reiteraban los ataques contra el grupo con una postura que tergiversaba toda su benéfica labor para el *rock* hecho en el país. Más allá de esos y otros cuestionamientos, lo cierto es que hay muchos músicos que reconocen, de una u otra forma, su deuda con Venus. En buena medida funcionó como parteaguas para la escena: se puede hablar de un antes y un después de esta banda.

Curiosamente fue una referencia que apenas contó con grabaciones, de modo que su alcance se limitó más bien a la referencia oral compartida sobre las características de su trabajo.

## La ilusión

Sondear el quehacer cultural cubano de mediados de los años 80, puede asombrar por la diversidad de estéticas que coexistieron en artes plásticas, comunicación, cine, teatro, música, danza, literatura, humor. Entre los ejemplos están Danza Abierta, Arte Calle, Volumen 1, el despegue de la Generación de los Topos, Entre Cuerdas, 13 y 8, "La Cuarta Pared", "El Programa de Ramón", "Perspectiva", los primeros vídeos clips nacionales, las Bienales de La Habana, Nos Y Otros, la internacionalización del *Jazz* Plaza, el regreso del Festival de Varadero, y las audiciones de *rock* organizadas en la capital por Juan Blanco (del Laboratorio Nacional de Música Electroacústica), así como discos del área socialista europea *(Living Blue*, Czeslaw Niemen, *Krzak, Sfinx*, Martin Kratochvil, SBB, *Skorpio, Katapult, V-Moto Rock, Zodiac,* Jozef Skrzek, *No To Co*) que aparecieron sorpresivamente – y a cuentagotas– en algunas tiendas.

La UJC y la Asociación Hermanos Saiz (8) iniciaron poco a poco, y no sin reticencias, un viraje favorable en sus posiciones, que condujo a la flexibilización y diferenciación en los acercamientos a los distintos sectores juveniles. Tal coyuntura propensa al diálogo, permitió un ambiente más distendido en el tratamiento a los músicos y seguidores del *rock*. Paulatinamente se abrieron espacios para la realización de conciertos, se impulsó la promoción y se iniciaron aislados debates críticos.

Justo en esta etapa surgió la iniciativa denominada Asociación de Músicos y Autores de *Rock* (A.M.A.R.). Concebida para aglutinar a grupos y compositores del género, se fundó el 7 de enero de 1988 en La Habana, teniendo como ideólogos principales a Ricardo Alfonso, baterista y director de Los Takson, y el promotor independiente Luis Kohly ("Luchy"). Su

nómina original incluyó a la mayoría de las agrupaciones activas en La Habana, así como a los camagüeyanos Rhodas. Acerca de las razones que llevaron a su creación "Luchy" comentó:
"La A.M.A.R. surge como respuesta a la crisis que siempre ha habido con el *rock* en Cuba, que se acentúa después de la ruptura casi que obligada de Venus y de la debacle que trajo la represión en el Festival o Encuentro de La 14 en la Casa de la Cultura de Arroyo Naranjo (primer festival de *heavy metal* con bandas aficionadas o callejeras). Tras este suceso se agudiza la crisis y los únicos que se mantienen tocando son Los Takson y Gens. Ricardo coordina una reunión, para principios de enero, con *El Caimán Barbudo*, que se le conocía como el periódico de la *perestroika*, para hablar sobre la posición tomada con el *rock*. Durante el Festival de La 14 le comenté a Juan Carlos (guitarrista y director de Océano) la idea de mandar una carta al Ministro de Cultura para que definiese la posición que se había tomado con el *rock*, para que nos aclarara si estaba prohibido o no, porque el nivel de represión era harto conocido, unas veces tácito y otras abiertamente. Él me propone la idea de formarnos como una especie de club o asociación para unirnos, y que era completamente legal... La idea era imponer la aceptación del género y de esta cultura en los niveles de Estado. Nuestra visión era cambiar el enfoque que se tenía del *rock* y eliminar las proscripciones". (9)
Los planes de la AMAR incluían talleres de superación musical, audiciones comentadas, ciclos rotativos de conciertos y otras actividades relacionadas. A pesar de imprecisiones formales y conceptuales se apostó por la unión de todas las bandas del país, descontando cualquier posible divergencia de estilos. Los resultados, sin embargo,

no fueron los esperados: su solicitud de reconocimiento oficial no fructificó, dando al traste con sus intenciones de lograr un estatus legal. La fragmentación no se hizo esperar, y la experiencia quedó como anécdota aislada.

Rhodas

Otros dos sucesos importantes tuvieron lugar en este periodo, con repercusiones muy diferentes. Me refiero a la ópera *rock Violente* (1987) y al disco *Ancestros*, de Síntesis, un año más tarde.

La ópera *rock* contaba ya con una amplia historia al nivel internacional desde los días de *Tommy* (1969, The Who). En América Latina, la cubana *Violente* fue precedida por las argentinas *La Biblia según Vox Dei* (1971, Vox Dei), *Sudamérica o el regreso de la aurora* (1972, Arco Iris) y *Oh, perra vida de Beto* (1972, Materia Gris), la chilena *Alturas de Macchu Pichu* (1981, Los Jaivas) y *Los motivos del lobo* (1985) del nicaragüense Jorge Elías Cárcamo.

*Violente* fue definida como un electro-drama por sus creadores: Chely Lima y Alberto Serret, que se encargaron del guión, y Mario Daly y Edesio Alejandro, responsables de la partitura. Su debut se produjo en el Teatro Nacional de Cuba, en agosto de

1987, con la música interpretada por el grupo Monte de Espuma, mientras Cristina Rebull y Edesio asumieron los papeles protagónicos en escena. Aunque recibió críticas elogiosas y tuvo una reposición mejorada al año siguiente, con las contribuciones del coreógrafo Narciso Medina, el diseñador Waldo Saavedra, la compañía Danza Contemporánea, bailarines de la Escuela Nacional de Arte y del grupo de *break-dance* Cuerpo Roto, la obra cayó en el olvido. Al respecto, Serret declaró:
"Los pocos que hablaron de *Violente* lo hicieron como si fuera una obra de teatro más, ignorando sus peculiaridades. No se le ha dado difusión, pero no solo eso, sino que hemos sentido desde antes, durante y después de su puesta, ciertas presiones fantasmales, sutiles, contra el hecho de que se haya puesto en Cuba una ópera *rock*, pasando por alto el hecho de que sea una obra con todos los valores revolucionarios que puede tener una obra hecha en Cuba en estos momentos". (10)
En la práctica quedó como otra experiencia solitaria, pese a los altos quilates de la puesta escénica, su indudable carácter renovador dentro del vetusto teatro musical cubano, y la música original escrita para la misma.
En cuanto al álbum *Ancestros*, continuaba la idea esbozada en su antecesor, *Hilo directo*: fusionar sonoridades de *rock* y *jazz* con cantos de la tradición yoruba. Ambos fonogramas fueron galardonados en las respectivas ediciones de los Premios EGREM, en la categoría «*rock* cubano» creada para esas ocasiones. Así comenzó a perfilarse un «*rock* institucional», aceptado por las autoridades culturales, y que se definía por los trabajos de artistas profesionales como Arte Vivo, Mezcla, el Grupo de José María Vitier, Monte de Espuma y, por supuesto, Síntesis. Se contrapuso sus obras a la de los

aficionados, intentando autentificar una proyección «políticamente correcta» para el *rock* hecho en casa. No obstante, el baterista de Arte Vivo, Enrique González, explicó:

"A pesar de toda esa apertura del *rock* pienso que no se le puede llamar *rock* cubano a cinco o seis grupos a los cuales se nos paga por trabajar, y porque en el repertorio de cada grupo haya algunas piezas que sean de *rock*. No pienso que los pocos grupos de *rock* que existen tengamos un por ciento elevado del repertorio conformado por música *rock* como tal". (11)

Otros también llamaron la atención sobre el hecho de que se estaba construyendo un edificio conceptual sin cimientos. Desde Guille Vilar afirmando que muchos de esos artistas (profesionales) "son grupos de música cubana que tienen *rock* en sus repertorios" (12), hasta el cantautor Donato Poveda, quien afirmo que "la mayoría de las bandas supuestamente *rockeras* de Cuba no hacen un verdadero *rock,* sino una música cubana que se nutre de fuentes muy diversas". (13)

En realidad fue una maniobra (¿solapada?) para desvirtuar el trabajo de los aficionados que todavía no conseguían acceder a los medios de difusión, ni gozaban de reconocimiento oficial. Por tanto, fue natural la reacción negativa por parte de los grupos "de la calle" que se vieron excluidos de una historia que estaban ayudando a crear. También jugó un papel perjudicial el desconocimiento y desinterés que los grandes centros de la cultura, incluyendo el periodismo y la musicología, mostraban hacia los actos alternativos. Se trató de imponer un «*rock* cubano» donde solo quienes practicaban algún tipo de fusión, merecían el beneplácito oficial. Dado que no existían espacios para la discusión teórica, el asunto quedó zanjado, de momento, a favor de los profesionales. Con el paso del tiempo y los cambios de percepción, el rol de las agrupaciones aficionadas alcanzó su correcta valoración.

### Sin embargo, puede caer

Adelantando los 80 el *rock* ganó espacios, sobre todo en las Casas de Cultura municipales. Vino también un desplazamiento en el campo de acción: la emblemática «fiesta de quince» que había servido como terreno propicio en décadas anteriores, fue sustituida por recitales o conciertos en áreas y foros diversos.

Pocos sitios han convocado a tantos amantes del *rock* durante años como la Casa Comunal de Cultura "Roberto Branly", en La Habana. Conocida como El Patio de María fue punto de convergencia de los entusiastas del género de todo el país, y plataforma más idealista que ideal para los grupos, entre otras cosas porque consiguió dotar de estabilidad a una escena que se mostraba tambaleante. Durante más de tres lustros funcionó como el centro paradigmático para el *rock* nacional.

María Gattorno

Sin ignorar el sustancial aporte colectivo de tantos trabajadores y amigos que pasaron por el centro, su magia y credibilidad se deben a María Gattorno. Licenciada en Historia del Arte, dio vida en diciembre de 1987 a este proyecto comunitario. Allí hubo espacio para el *rock*, pero también para exposiciones de pintura, recitales de cantautores y poesía oral, así como acciones preventivas contra las enfermedades de transmisión sexual, el consumo abusivo de bebidas alcohólicas, y las conductas marginales.

## Después (1980-1989)

La propia María lo recordó de este modo:
"Nunca nos percatamos que éramos parte de un hecho milagroso: pretender hacer aquellos conciertos de *rock* sin tecnología apropiada ni en luces ni en sonido, en medio de un barrio que no tenía nada que ver con el género, en una instalación pequeña, sin experiencia en esos empeños y a pesar de eso, convocar a una gran cantidad de público. Tener el corazón en la boca hasta el último acorde porque todo podía fallar en cualquier momento, la luz podía irse, llover, el transporte no ir, la comida no conseguirse, los equipos romperse y no obstante, pensar que todo eso era normal. Decididamente aquello era una locura transitoria, pero de la que afortunadamente nunca nos percatamos". (14)

Por su diminuto escenario pasó la casi totalidad de las agrupaciones aficionadas que estaban activas, sin distinción de estilos, así como bandas de otros países. Sostenido por la ilusión de muchos, el Patio –como se le llamó familiarmente– brindó el respeto y la comprensión que el *rock* no había tenido antes.

Mientras tanto, la segunda mitad de los 80 vio nacer nuevos nombres y, si bien la progresión aritmética trajo diversidad estilística, el *heavy metal* siguió siendo el plato fuerte.

Como siempre sucede, algunos tuvieron trayectorias más dilatadas, otros se esfumaron rápidamente y algunos más perseveraron en ensayos e ideas antes de separarse sin haber siquiera llegado a debutar.

Por otra parte, entre las agrupaciones y proyectos que sin abrazar directamente el *rock* asumían su influencia de distintas maneras estuvieron Vidrio y Corte, Laboratorio Químico, Tiempo y Espacio, Arkanar, Visión y Banda de Máquinas (de Edesio Alejandro). Trovadores como Santiago Feliú, Donato Poveda y Carlos Varela también mostraron acercamientos al género.

## 1985-1989

*2nd Floor Department*, Acceso Prohibido, Aeroplano, Aika, Alto Mando, Amistad, Aries, *Atlantys*, Avalancha, Avance, Los Beltas, Brix, Cartón Tabla, Causas y Azares, Cénith, Cóndor, Cuarto Espacio, Los Delta (Matanzas), Los Diablos (Holguín), Ecos (Habana), Energía, Enigma (Habana), EPD, Estirpe, Fe, Fénix, FND, Fuego Adentro, Gema, Géminis (Artemisa), Géminis (Habana), Geysser, Grieta Solar Subterraneo, Hades, Hojo x Oja, Horus, Huellas, Incógnita, Insignia, Kronos, Láser (Camagüey), Luna Negra, *Magnum* (Habana), Mephisto (Habana), Metal Oscuro, Metal Pacífico, Metal Sagrado, Metamorfosis (Habana), Mowal, Naturaleza, Neurosis, Oasis (Habana), Océano, Ojo de Agua, Órbita, Origen (Habana), Paisaje con Río, Pezuña, Proyecto, Quimera Negra, Rodas, S.O.S. (Habana), S-3, *Scrash*, Sexto Sentido, Sílex (Habana), Sonido 14, *Spectrum*, *Star*, *Stratus*, Súnesis, Tablas, Los Tarántulas, Teatro del Sonido, Trance, Urania, Zeus

Comenzó a hacerse sentir la cobertura mediática en radio y prensa escrita. Asimismo, se presentaron varios grupos, sobre todo de Europa socialista: *Kreis, Sturcite, Diana Express, Piesnary, Koral*, Klary Katona & *Karthago*, Jozef Laufer & *Golem, Elektra, Karat*, Szusan Konckz y *City*. Junto a ellos, Pino Daniele y *Banco de Mutuo Soccorso* (Italia), el guyanés Eddy Grant, Transporte Urbano (República Dominicana), *Egba* (Suecia), Alceu Valenca (Brasil) y los argentinos Juan Carlos Baglietto, León Gieco, Fito Páez y Víctor Heredia (con Rodolfo García, ex Almendra, en la batería) entre otros.

En resumen, prevaleció el sonido *heavy* que alcanzaría mayor vigor en años siguientes hasta dominar la escena, mientras el *rock* progresivo, el *jazz-rock* y las fusiones con la trova y los ritmos tradicionales se insinuaron en algunos repertorios. Las versiones dieron paso al material original, el español remplazó al inglés, y se abordaron temáticas que de modo todavía muy elemental conectaban con la realidad nacional.

Disminuyó la tensión entre los cultores de un *rock* cubano «por decreto oficial» y los que se abrían paso con fuerza desde el amateurismo. Ser «roquero» empezó a mirarse de otra manera, todavía con más tolerancia que comprensión real, pero se avanzó un trecho, comparado a las etapas precedentes. Vino la euforia, "hasta la próxima nota".

Cartón Tabla

## Citas:

1– Herrera, Francisco: "El pop de los 80: el revivalismo y la música étnica", *La Provincia*, Las Palmas de Gran Canaria, 13 de octubre de 1991, p. 52.
2– Ramón, Neysa: *Juventud Rebelde*, 10 de diciembre de 1991, La Habana, p. 4.
3– Grogg, Patricia: "Sociedad bailando *rock*", *Cuba Internacional*, La Habana, enero de 1992, pp. 26-30.
4– Sánchez Salazar, Michel: "Gens contra el tiempo", *Scriptorium* 15, marzo 2008, p. 34.
5– del Llano, Eduardo: "Venus", *El Caimán Barbudo*, La Habana, enero de 1990, pp. 22-23.
6– Armada, Roberto: Programa radial Buenas noches, ciudad. Archivo del autor.
7– del Llano, Eduardo: *Op. cit*.
8– La Asociación Hermanos Saiz, fundada en 1986, agrupa artistas menores de 35 años de edad.
9– Sánchez Salazar, Michel: "A.M.A.R. fue mucho más que una utopía", *Scriptorium* 20, junio 2010, p. 34.
10– Martínez, Mayra Beatriz: "*Rock*: ¿quién dice la última palabra?", *Somos Jóvenes*, La Habana, noviembre de 1988, pp. 40-48.
11– González, Enrique: Archivo del autor.
12– Grogg, Patricia: *Idem*.
13– Carrió, Orlando: "Donato Poveda: no soy un *rockero*", *Opina*, La Habana, febrero de 1989, p. 28.
14– Sánchez Salazar, Alexander y Michel: "María Gattorno, la madrina del *rock* en Cuba", *Scriptorium* 20, junio 2010, Habana, p. 18.

## Puertas que se abrirán (1990-1999)

Si los años 80 terminaron entre acordes optimistas, en el decenio siguiente el panorama cambió de manera abrupta. Hubo dos sucesos claves que incidieron no solo en el futuro del *rock*, sino en toda la vida de la nación: la implantación del Período Especial en Tiempos de Paz (1991) tras la caída del campo socialista europeo y la desaparición de los subsidios que llegaban a través del Consejo de Ayuda Mutua Económica (CAME), y la despenalización de la tenencia del dólar (1993). Ambos fueron el preludio para una década de avances y retrocesos.
En lo musical el rasgo más importante fue la consolidación de una escena que comenzó a contar con cierta «tolerancia» por parte de las esferas culturales y sociales, aunque sin descartar también su dosis de independencia. Esto se materializó en la presencia del *rock* en las casas de cultura, el auge de los festivales, la puesta en circulación de los primeros fanzines y la creciente apertura de los medios de difusión. Por otra parte se cultivó una profusión de estilos (*rock* progresivo, *jazz-rock*, pop-*rock*, *grunge*, *rock* acústico) a la vez que el *punk* floreció con retraso. No obstante, el *heavy* y sus ramificaciones

dominaron la década con un influjo que marcó la producción desde entonces.

Zeus

Hasta ese momento las grabaciones eran una utopía para la mayoría de los grupos, sobre todo los aficionados. Algunos profesionales habían podido registrar sus trabajos, pero en general la producción de discos del *rock* cubano era casi inexistente al comenzar los años 90. Justo entonces empezó a cobrar fuerza el «demo» como producto terminado. La lenta aunque progresiva disponibilidad y paulatino abaratamiento de la tecnología (analógica primero, digital después) posibilitaron el rescate de canciones grabadas precariamente en ensayos o conciertos, con lo cual se fue conformando una «demografía» más que una discografía. La importancia de este paso radica en que con tales grabaciones se accedió a espacios de difusión y se comenzó a dejar memoria. Si bien su calidad resultó ínfima muchas veces, mejorando poco a poco con el tiempo, llenó un vacío promocional y testimonial que había afectado al *rock* en general.

Por su parte, la EGREM, única disquera oficial durante muchos años, formalizó los primeros lanzamientos en esta década. Más tarde se sumaron nuevos sellos, mostrando un discreto interés, rayano en la apatía, hacia esa producción.

## 1990-1994

A-19, Abstracto (Holguín), *Agonizer*, Albatros, Alianza, *Alien*, Alta Tensión, Alto Contraste, Amazonas, Amplio *Spectrum*, Andamio, Anduiza, Apocalipsis (Matanzas), Apocalipsis (Pinar del Río) Arrecifes, Ataud, Azazel, *The Bigest, Bluesy Kid´s Stuff*, Caffé del Barrio, Cáncer, Cange, *Celhlow*, Clon, Complot, Cosa Nostra, Costa Norte, Cronos, Cuatro Gatos, Cuerpo y Alma, *Damnation, Dark Side*, Debajo, *Deformity*, Demencia Alkohólica, Desperdicio, *Destrozer*, Los Detenidos, Dinastía (Habana), *Distress*, Edmund, *Elephant´s People*, Enemigos de la Sociedad, Eskoria, Estado de Ánimo, Excalibur, Éxodo, Extra, Extraño Corazón, Fantomas y sus Alcohólicos, Focos, Fósiles Vivos, *Free Access*, Funeral, Futuro Muerto, Géminis (Santa Clara); *Godes Yrre*, Goma Loca, Havana, *Help*, Iceberg (Matanzas), Infamia, *Infestor*, Joker, Kafka, Káiser, Karma, Keops, *Krematorium*, Krudenta, Leravlajei, *Lignum Crucis*, Límite, Línea Roja, *Loaded*, Lucha Almada, Luz Verde, *Lydian, Madness, Madness House*, Mágica Danza, Márgenes, Masacre, Médium, Metalaxia, Morbo (Cienfuegos), Morbo (Holguín), Morte, Música d´ Repuesto, Naranja Mecánica, Necrófago, Necromorgue, Nekrobiosis, Neutro, Nocturno, Onirismo, Orgasmo, Origen (Pinar del Río), Orión, Osiris, *Paper House*, Perfume de Mujer, Plasma, Proyecto Hola, Proyecto X, Pulsos, Réplica, Rotura, S.A., S.A. Incógnita, S.O.S. (Holguín), Sacramento, Sahara, Santander, Sarcoma, *Sectarium*, Sentencia, Séptimo Día, Sepulcro, Los Sigma (Encrucijada), Sin Control, *Skinny Legs*, Superávit, *Swing, Symphony of Doom*, Tanya, Tekilla, Tendencia, Tiempo Extra, Ultranza, Trauma, Valhalla, Van Gogh, Vértigo, Viceversa, VIH, Volumen 2, Volumen 6, Vortex, Vórtice, *The Window*, Zona Obscura

## Cambiar de aires

Con el Periodo Especial, el *rock* ensayó variadas estrategias para salir adelante. Considerado un producto artístico nada rentable, no figuró entre las escasas prioridades del sector cultural, uno de los más afectados por la crisis, así que a la lucha por la supervivencia económica individual del día tras día, se sumó el esfuerzo por mantener vivo al género.
Con recursos mínimos se organizaron festivales en Cruces, Placetas, Caibarién, Alamar, Pinar del Río, Camagüey y Santa Clara, cada vez más inclinados hacia los sonidos metaloides. Otros mostraron mayor apertura, como los multitudinarios conciertos Lennon *in Memorian*, celebrados en 1990 y 1993 en la capital, en homenaje al asesinado ex *Beatle*. Estos eventos convocaron músicos de distintos estilos y generaciones: grupos como Síntesis, Gens, Zeus, Cosa Nostra y Havana; el guitarrista concertista Luis Manuel Molina, el pianista de *jazz* Ernán López-Nussa, los instrumentistas Pablo Menéndez, Julio Ley, William Martínez, Luis Orlando Manresa, Omar Hernández y Ángel Bonne, el sexteto vocal *Sampling*, el Coro de la Fundación Martin Luther King Jr., los cantautores Boris Larramendi, Athanai, Santiago Feliú, Gerardo Alfonso, Carlos Varela y el español Luis Eduardo Aute, junto a los antiguos roqueros Pepe García Piñeyro (Los Pacíficos) y Guillermo Fragoso (Los Gnomos) entre otros.
Esta misma variedad iluminó toda la década. Por ejemplo, el *jazz-rock* estuvo representado en el Festival *Jazz* Plaza, en la Casa de Cultura del municipio habanero Plaza de la Revolución. El evento adquirió connotación internacional gracias al paso, en sucesivas ediciones, de Dizzy Gillespie, Ronnie Scott, Charlie Haden & *The Liberation Orchestra*, Uri Caine, Jim Mullen, Max Roach, Sophia Domancich,

Roy Ayers, Airto Moreira & Flora Purim, Steve Coleman, Jiri Stivin & Rudolf Dasek, Fulano, Herbie Hancock, Richie Cole, Larry Coryell, Don Pullen, *Shuffle Demons, Triple Heater,* Michel Camilo, Chano Domínguez, Steve Turre, Chico Freeman y muchos más. Desde los ochenta devino también plataforma para grupos y proyectos del patio adscritos al *jazz* eléctrico con elementos de *rock*. Entre esos cultores estuvieron Raíces Nuevas, Estado de Ánimo, Cuarto Espacio, Perspectiva, Coda, y los grupos dirigidos por Pucho López y Jorge Luis Chicoy, para citar solamente algunos nombres.

Pucho López y su banda

Un papel destacado recayó en las individualidades, aprovechando los espacios de improvisación que organiza el festival. Entre los guitarristas, por ejemplo, sobresalieron Chicoy, René Luis Toledo, Manuel Trujillo, Joaquín Besada, Norberto Rodríguez, Tony Matute, Elmer Ferrer y Raúl Verdecia. También los tecladistas Robertico Carcassés y Ernán López-Nussa; los bateristas Horacio "El Negro" Hernández, Oscarito Valdés Jr., Ernesto Simpson, Jimmy Branly, y Ruy López-Nussa; los bajistas Luis Orlando Manresa, Jorge Reyes, Descemer Bueno y Omar Hernández, y saxofonistas como Fernando Acosta, Yosvani Terry y Carlos Valdés. Esta lista incluye algunos de los que con diversos grados fusionaron *jazz* y *rock* en composiciones o como ejecutantes. Ejemplos importantes se encuentran en las obras "*Memphis connection*" (Pucho López), "*Tiembla tierra*" (Perspectiva), "*Momo*" y "*Vive la libertad*" (Cuarto Espacio), "*El canguro loco*" (Estado de Ánimo) y la versión de "*Eleanor Rigby*", de *The Beatles*, por Ernán López-Nussa y su grupo, sin olvidar "Janet *Blues*", del guitarrista Peruchín, considerada por Leonardo Acosta "una chispeante fusión de *blues, rock and roll, bop* y hasta disco". (1)

Con menos presencia estuvo el *rock* progresivo. Minoritario y diferente, se reflejó en las producciones de Arte Vivo, Hojo x Oja, Cartón Tabla, Teatro del Sonido, Música d' Repuesto, Naranja Mecánica, Perfume de Mujer, Extra, Quo Vadis y Anima Mundi, el proyecto Sebastián El Toro, e incursiones en solitario de Pedro Pablo Pedroso, Esteban Quintana y Miguel Ángel Méndez, entre otros. Influencias de la *new age* y electrónica, destellos de lo tradicional cubano, improvisación, exploración al máximo de los magros recursos tecnológicos y, sobre todo, lejanía del convencional 4x4, dieron las pautas.

El recopilatorio *Variaciones en la cuerda. Volumen 1: Una visión del rock en Cuba* se publicó en 1995 por la disquera independiente mexicana Luna Negra, incluyendo a cuatro de las bandas antes citadas. Chris Cutler, cuyo sello *Recommended Records* distribuyó el álbum en Europa, lo catalogó como "un documento único de grupos cubanos que siguen por un sendero experimental y son difícilmente visibles en casa, sin grabaciones oficiales disponibles. Contemporáneo y tratando de encontrar su propio lenguaje, sin copiar". (2)

Por su parte, Anima Mundi –cuya trayectoria se ha extendido hasta el presente– desarrolló un trabajo que en opinión del musicólogo Danilo Orozco está matizado por la "acentuada hibridación de sonoridades y estilos, donde participan instrumentos clásicos eurooccidentales, pasando por los electrónicos y otros anglo-hispanos, amén de elementos expresivos de fuentes disímiles a lo *new age*, sinfónico e incluso de fuentes celtas (en el trasfondo ibéricas)". (3)

En cuanto a las figuras solistas, afloraron de nuevo en esta etapa. Se destacó Tanya, ex cantante de Monte de Espuma, que ya en 1990 inauguró carrera bajo su nombre. Otros, como Athanai, Equis Alfonso y David Blanco se sumaron más adelante.

También se incrementaron los nexos entre trova y *rock* palpables en la cantidad de cantautores que incursionaron en el género (y de lo cual se hablará más adelante) así como la frescura del pop-*rock*, la incipiente mezcla con el *hip hop*, la llegada del *punk*, y el etno *rock* acuñado por Síntesis.

Un detalle interesante fue el surgimiento de las llamadas "rockotecas", anticipo de las futuras "discotembas". En ambos casos se trata de reuniones de perfil bajo, generalmente con música grabada proporcionada por un DJ, aunque puedan incluir ocasionales actuaciones de bandas. Se convocan en espacios privados (azoteas, patios interiores) o institucionales (clubes, círculos sociales, bares, hoteles) con acceso abierto o limitado al público, según las características de cada lugar. Proliferaron en todo el país y sirvieron para aglutinar a seguidores del *rock* de casi todas las edades.

### *The other side*

Otro signo de cambio fue el regreso del inglés a los repertorios, solo que esta vez a partir de criterios originales y no haciendo versiones. En realidad esta modalidad no había desaparecido del todo, pese a la

influencia de Venus. Entre los nuevos grupos que lo asumieron estuvo Cosa Nostra, cuarteto habanero cuyo director, Eduardo Mena, explicó su postura:
"Cosa Nostra utiliza el inglés por varias razones. Primeramente porque nos gusta y consideramos que sus características fonéticas encajan perfectamente en el género. Nadie puede negar los orígenes anglófonos del *rock and roll* y aunque no tenemos nada en contra de quienes lo hacen en español, italiano, portugués u otro idioma, a nosotros nos suena como salsa cantada en japonés. Es cierto, se pierde algo del mensaje en el público hispano, pero aun así este público sigue consumiendo el *rock* en inglés y con niveles muy superiores de venta al hispano. Ojalá el mercado del *rock* hispano fuera tan amplio como el anglófono y tuviera los niveles de venta y la infraestructura de este; para nosotros sería mucho más cómodo escribir en español (nunca negaremos nuestro idioma), aunque creo que también nos sentiríamos extraños al hacerlo". (4)
Asumir como argumento para cantar en inglés la procedencia geográfica del *rock* es solo convincente a medias: su émulo en castellano probó efectividad desde los años 60, principalmente en el llamado "*rock* de autor". Pero las palabras de Mena señalan elementos dignos de análisis, como la incomunicación con el público local, y el deseo de universalizar una propuesta artística.
Se sabe que el consumo de *rock* anglófono está extendido por casi todo el planeta. Una probable causa pudiera ser la que describe el crítico español Diego A. Manrique:
"El sentido del *rock* no está encerrado en la letra de las canciones. A partir de Bob Dylan este aspecto requiere mayores esfuerzos por parte de creadores, y concita la atención de todo tipo de exégetas, pero el *rock* impacta inicialmente por el sonido, y su

contenido verbal tarda en hacerse explícito debido a las peculiaridades interpretativas de los vocalistas, su amor por el argot o incluso la voluntad de enmascarar el posible mensaje". (5)

En Cuba es fácil aplicar este argumento, donde resulta evidente el intento de hacer confluir palabras y sonidos en un todo homogéneo, a veces con riesgo para el idioma al generarse el *spanglish* fonético. La mayoría de las veces sobresale la instrumentación por encima de las palabras, que hasta tienden a volverse ininteligibles. Sobre esta circunstancia el crítico brasileño Roberto Muggiati, en su libro *Rock: el grito y el mito* apuntaba:

"Un campo importante y poco estudiado es el más significativo del *rock*: la relación entre palabras y música. El sonido global tiene gran importancia, lo prueba la inmensa aceptación del *rock* en países donde no se habla inglés. El oyente extranjero se satisface con los sonidos y la vocalización solamente, absorbe la voz humana en su aspecto físico, sin ninguna connotación intelectual". (6)

Visto así, el acto de crear (y consumir) *rock* en inglés parece justificado si se asume como una resultante en la cual es menos importante lo "que se dice", que el "cómo se dice". Esta asimilación incompleta ocurre en muchos países, no solo en Cuba, y la experiencia que describe el mexicano Jordi Soler lo señala:

"El *rock* en inglés en nuestro país tiene otras connotaciones, distintas a las que tiene en sus países de origen: aquí exigimos mucho más de la música. Esta perspectiva tuerta, manca y coja que hemos tenido durante años del *rock*-en-inglés ha permitido que desarrollemos la percepción musical a niveles insospechados y que dejemos las letras un poco relegadas". (7)

No obstante, esto no puede ocultar un hecho claro: la comunicación textual con el receptor se anula si éste desconoce el lenguaje en el cual se le presenta una obra. Entonces, los mensajes de las canciones no alcanzan a ser decodificados, y su probable efectividad disminuye o se anula por completo.

Por otra parte está el (lógico y cuestionable a la vez) afán de internacionalización. En un mundo que cada día tiende más a la globalización, es normal que un creador apueste por llegar a la mayor cantidad posible de potenciales interesados. Como el inglés –idioma primario del *rock*– se ha convertido en poco menos que indispensable en terrenos de negociación, la búsqueda de espacios más vastos de influencia se inclina hacia la lengua de Shakespeare y Dylan. En esto coinciden artistas de diversas latitudes, sin importar sus bases culturales: el acceso a los grandes mercados de la música se facilita extraordinariamente con el empleo del inglés. Pero no se debe perder de vista que la inclinación a homogenizar el arte a partir de un solo idioma le resta riqueza y diversidad.

De tal modo se reconsideró la propuesta de Venus, pero aunque los orígenes del *rock and roll* están ligados al inglés, esto no invalida de manera definitiva los modos de asumirlo desde otro idioma. Casi de forma simultánea a su nacimiento en Estados Unidos, surgió su variante en español, gestada principalmente en México y Cuba como ya se apuntó antes. Esta modalidad prendió en España y el resto de Latinoamérica, gracias, entre otros, a Los Llopis. Investigadores como Gregorio Montiel Cupello (Venezuela), Salvador Domínguez (España) y Mario Efraín Castañeda (Guatemala) han señalado a los músicos cubanos como influencia en sus respectivos países, y pioneros en cantar *rock* en el idioma de Cervantes, Borges y Martí.

Entonces, ¿es válida la utilización del inglés entre las bandas cubanas de *rock*? La década brindó abundantes ejemplos afirmativos, y como línea de trabajo tuvo un peso que fue aumentando en años siguientes.

## Listo y esperando

En la segunda mitad de los noventa el *rock* se benefició con una menos prejuiciada política institucional, generando las primeras incursiones en el mercado internacional. La cifra de bandas aumentó considerablemente y los sonidos metaleros se codearon con el *rock* acústico y las tendencias industriales.
Fueron notorios los «proyectos» como versión renovada de las «guerrillas» de veinticinco años atrás. Bajo este concepto aparecieron aventuras paralelas de músicos integrados a distintas bandas, reuniones eventuales y trabajos en solitario. Entre ellos: *Dying Forest*, Anduiza, *Godes Yrre* y Sebastián el Toro.
El *rock* cubano comenzó su singladura internacional en los circuitos independientes. En marzo de 1992 un compilatorio de música cubana, publicado por el sello estadounidense *Luaka Bob* (de David Byrne) integró una pieza de Zeus para titular el fonograma, "*Diablo al infierno*". Dos años después *Tian-An-Men 89 Records*, en Francia, editó el sencillo *Las luchas de la juventud*, con temas de Los Detenidos, Médium y Cosa Nostra. Pequeñas compañías como Luna Negra y *American Line Productions*, de México, la vasca *Esan Ozenki* y las alemanas *Impackt* y *System Shock,* se acercaron también al *rock* hecho en Cuba.

115

Los tirajes de estos sellos foráneos eran reducidos y destinados a sus incipientes circuitos de distribución en el área internacional. El hecho de no venderse en Cuba significó que apenas alcanzaran resonancia, aunque algunas copias llegaron a espacios muy concretos de la difusión que se encargaron de darlos a conocer.

### 1995-1999

Adras, Albatross, Amnesia, *Ancient Wings,* Ancora, *Anger Seed,* Anima Mundi, Áspid, Avenida X, Avis, *Blackmail, Blind Brain Factory, Blinder, Bluster,* Bolsa Negra, *Bugs Bunny,* Cáliz, Calles, Censura, Cetros, *Combat Noise, Conmander,* Constelación, Convivencia Sagrada, *The Crown,* Crucigrama F, D´Azur, *Damnatory,* Década, Delirio G, Desencadenados, Dinámica, DNA, *Dying Forest, Eclectic Power,* Eclipse (Habana), Elévense, Enlace, Evasión, Expreso Inconexo, Los *Extrangers,* Galilea, Garaje H, *Grace Touch, Greenpeace,* La Guerrilla (Santiago de Cuba), Habana *Blue,* Hadez, Hatuey *Beer Band,* Horror, *In The Skin, Junkies,* K Punto K, Kámara Ganma, *King of Kings, Leviathan,* Ley Urbana, *Libitum,* LSD-Dante, Mantra, Mephisto (Holguín), *Mersey Beat,* Moneda Dura, *Mr. Dominus,* Nadie en Casa, Nazaret, Necrópolis, *Nefarious,* Nexo, Olimpo, Pasos Perdidos, Pesadilla, Plátano Macho, PM, Póker Club, Porno Para Ricardo, *Primacy,* Problema, Promesa, Puertas Negras, Quo Vadis, Raza Humana, *Rice and Beans,* Ritos Populares, *Scythe,* Secuela, Señales de Humo, *Seventh Day, Silver Dry,* Sistema Vital, *Slimer, Slogan,* Sociedad Habana *Blues,* Soma, Sombras, Sonido Ylegal, Soster, *Sparks,* Spíritus, Spíritus Santic, Stigia, *Strip Tease,* Sur Índigo, SWAT, Teatro Mágico, *Teething Scarecrows,* Tercer Millenium, Tercera Dimensión, Testigos Mudos, Tribal, *Under Sight, Waiting to Clone*

La EGREM lanzó *Saliendo a flote*, a finales de 1996, recopilación con temas de Cetros, Luz Verde, Extraño Corazón y Expreso Inconexo. Con posterioridad otros álbumes de *rock* engrosaron su catálogo, pero lastrados por una comercialización deficiente y escaso impacto en los medios. Cuando nuevas disqueras (Unicornio, Colibrí) fueron sumándose, quebrando el monopolio de la EGREM, el género apareció poco a poco, sin ser una opción numéricamente apreciable. De todas maneras, solo a partir de esta década es que se puede hablar de una discografía para el *rock* nacional. Hasta esa fecha cualquier intento de rastrear su historia chocó con la ausencia de grabaciones, salvo unas pocas, dispersas, y que mostraban, apenas, un pálido reflejo de la realidad.

En este período surgió también el movimiento de fanzines que respaldó al *rock* como contrapropuesta a la esterilidad del periodismo local. De eso se hablará en el capítulo dedicado a la difusión.

Algunos grupos accedieron a las empresas artísticas, convirtiéndose en profesionales, un paso vital con el que dejaban detrás incertidumbres económicas. Aunque Los Dada, Los Magnéticos, Síntesis y unos pocos más ya contaban con ese estatus, no significó que se admitieran líneas específicas del *rock*, sino más bien la fusión con otros géneros. Esta ambigüedad comenzó a solucionarse cuando, mediados los 90, empresas como Adolfo Guzmán, Centro Nacional de Música de Concierto y los distintos centros provinciales de la música, incorporaron a Rhodas, Havana, Viento Solar, Extraño Corazón y otros, en lo que fue un reconocimiento a la existencia de esta producción autóctona. Pero no todo era color rosa para los profesionales, y así lo explica Enrique González:

"Para hacer el tipo de música que cultivábamos en la época del trío había que hacerlo con un criterio no profesional desde el punto de vista social, en el sentido de no dedicarse a eso. No podíamos ni soñar en cobrar por aquello. Ni podíamos vivir del trabajo en el grupo. No hay mecanismos, leyes, que dispongan que un grupo pueda dedicar tres meses a preparar un concierto. Por ejemplo, el asunto de las normas. Hay que dar hasta seis recitales, lo cual es una locura ya que no hay seis teatros en Ciudad de La Habana para dar esos recitales y entonces tienes que trasladarte de provincias". (8)

A partir de Pinar 89 (realizado a fines de ese año) y el Encuentro de Música *Rock* celebrado en Cruces, en marzo de 1990, siguió un buen número de festivales y eventos de diversa índole. Entre ellos las ediciones inaugurales de Ciudad Metal (Santa Clara), Alamar y Lennon In Memoriam (ambos en La Habana) todos en 1990, para continuar con el segundo concierto en homenaje al ex *Beatle*, en diciembre de 1993, el Despertar *Rock*ero (mayo de 1994), la Muestra Nacional de *Rock* (mayo de 1996), y los *Rock*etazos (octubre de 1995 y mayo de 1997) en la sede principal de la Unión de Escritores y Artistas de Cuba (UNEAC), junto a actividades similares en otras provincias, como el Comando Metálico de 1996 en Placetas. Con un carácter más enfocado en lo teórico hay que mencionar las ediciones del Coloquio Internacional sobre la trascendencia de Los *Beatles*, a partir de octubre de 1996. Estos eventos situaron al *rock* entre las propuestas culturales del país.

Los visitantes internacionales aumentaron para actuar o grabar: Mano Negra, Los Ronaldos, Joaquín Sabina, Garrote Vil, Bill Laswell, *I Nomadi, Su Ta Gar*, Mantra, Kerigma, Botellita de Jerez, Café Tacuba, *Wemean, Two Tons of Steel*, Boikot, Cero Positivo, Javier Gurruchaga y la Orquesta Mondragón, *Deabruak Teilatuetan, Ancient Curse*, Fito Páez, *Ozomatli*, Platero y Tú, *Etzaiak, Dut*, Teatromocracia,

Holly Near, Distrito 14, Henri Texier (ex *Total Issue*), Kirsty McColl, OM, *The Vikings*, Cronopios, Toni Exposito, Knud Reiesrud, Phil Manzanera (ex *Roxy Music*), Cecilia Noel & *The Wild Clams*, Ketama, El Personal, *Beatlemania, The Quarrymen* y los tríos Nicols-Leandre-Schweizer y Koch-Schütz-Studer de veta experimental, más los productores Gustavo Santaolalla y Aníbal Kerpel, entre otros.

En marzo de 1999 se realizó en La Habana el *Music Bridges* con exponentes de Cuba, Gran Bretaña y Estados Unidos. Entre los visitantes figuraron Mick Fleetwood, Joan Osborne, *Indigo Girls*, Beth Nielsen Chapman, Andy Summers, Don Was, Stewart Copeland, Peter Buck (del grupo *REM*), J.D. Souther, Gladys Knight, Jimmy Buffett, Lisa Loeb, Peter Frampton, Bonnie Raitt y Paddy Maloney. Estos compartieron con artistas locales en una fórmula de creación colectiva cuyos resultados disparejos se reflejaron en un disco –sin distribución en Cuba– y un concierto. Como había sucedido en el *Havana Jam* de 1979, la selección nacional discriminó notablemente a los intérpretes de *rock* del patio.

Un poco antes, en 1996, el norteamericano Ry Cooder produjo en La Habana el disco *Buena Vista Social Club* con veteranos y jóvenes instrumentistas y cantantes de las vertientes más tradicionales (son, bolero, guaracha) rescatando composiciones de reconocida antigüedad. Tras su apabullante éxito internacional, prolongado en un puñado de títulos de sus figuras centrales (Ibrahím Ferrer, Cachaíto, Rubén González, Omara Portuondo) esta música devino identificación sonora de la isla para buena parte del mundo. Por asuntos legales tampoco el álbum se vendió en el país, pero no fue óbice para disparar la furia "*Chan Chan*" como reclamo turístico que tras 15 años continuaba seduciendo audiencias. Irónicamente, Juan de Marcos González, quien fungió como

Consultor de Artistas y Repertorio en el fonograma, había hecho su debut, un cuarto de siglo antes, tocando *covers* en bandas de *rock*.

### ¿Redención de fin de siglo?

*Blues* y *hip hop* también confluyeron con el *rock* en esta década. De un lado estuvo la iniciativa del *Bluesmen* Club, organizado por Miguel D´Oca en la capital. Concebido como espacio de presentaciones y audiciones comentadas, distribuyó un boletín con informaciones nacionales y foráneas durante su existencia itinerante. Más que ceñirse solo a ese género, el Club asimiló propuestas acústicas, incluyendo el *country*. En cuanto al *rock* con discurso rapero, Garaje H y Athanai despuntaron con álbumes grabados para *Esan Ozenki* y *No More* Discos, respectivamente.

Athanai

Cubadisco sustituyó al Premio EGREM a partir de 1997, ante la hornada de disqueras nacionales y mixtas funcionando en el país: *Bis Music, Art Color*, Caribe Productions, RTV Comercial, Eurotropical,

Lusáfrica, Iré Producions y *Magic Music*. Al año siguiente se inauguró la categoría de música *rock*, y el cierre del decenio trajo galardones para Havana (*Puertas que se abrirán*, 1998) y Carlos Varela (*Como los peces*, 1999). Estos premios marcarían una tónica discutible que dominó las entregas siguientes: la de alternarse entre agrupaciones con una orientación más ortodoxa hacia el *rock*, y los cantautores que incorporaban el género.

De manera bastante sorpresiva, por esas fechas también empezaron a circular ediciones rusas de discos de *The Beatles*, *Rolling Stones*, Stevie Wonder, Elvis Presley, Paul McCartney, *The Doors*. Movida tardía que alegró a algunos, pero a la vez mostró una desactualización total, entre otras cosas porque el LP –como soporte– tendía a desaparecer.

Mientras, el término *underground* sirvió para calificar a la mayoría de las bandas, dada su exclusión del aparato cultural. Los fanzines reflejaron la confrontación latente entre diferentes sectores de músicos y públicos. Las pocas revistas oficiales que se interesaron en el *rock* ensayaron acercamientos que muchas veces rozaban apenas su epidermis.

En contraposición, el Centro de Informática y Sistemas Aplicados a la Cultura –perteneciente al MINCULT– publicó el CD-ROM *Música popular cubana* (1997) que incluyó una sección dedicada al *rock*. Su circulación fue muy reducida, incluso entre los especialistas, pero evidenció que instituciones culturales y académicas iniciaban un interés por explorar las interioridades del género, o (al menos) reconocer su existencia en la isla, lo cual era todo un avance. Fue un proceso de reflexión que no siempre repercutió de manera significativa en el acontecer nacional, debido a los insuficientes espacios para el diálogo, junto al lastre de las opiniones adversas acumuladas durante décadas.

Puertas que se abrirán (1990-1999)

Al cerrar el segundo milenio el *rock* hecho en Cuba salía del letargo. Su presencia era más tolerada que aceptada, pero la emergente asimilación, menos dogmática, y la insistencia de crear bases propias iban colocando los cimientos para el futuro. Los rigores del Periodo Especial amainaban, sin un final anunciado. Quedaban puertas por abrir y una autovaloración que vigorizara los próximos pasos, pero con una visión optimista, todo parecía reducirse a una simple cuestión de tiempo.

**Citas**
1– Acosta, Leonardo: *Elige tú que canto yo*, Letras Cubanas, La Habana, 1993, p. 89.
2– "*A unique document of cuban groups who follow an experimental path and are hardly visible at home; contemporary and triyng to find their own language, not copies*". Cutler, Chris: *RéR Recommended. The completed mail order list. December 95.* Londres, 1995, p. 36.
3– Orozco, Danilo: *Nexos globales desde la música cubana con rejuegos de son y no son.* Ojalá, Habana, 2001, p. 60.
4– Santín, Manuel: "Polémica", *Ilusión,* Pinar del Río, junio de 1997, p. 68.
5– Manrique, Diego A.: "Mitologías, ritos y leyendas del *rock*", *El País*, Madrid, 2 de nov. de 1986, p. 8.
6– Muggiati, Roberto: *Rock: el grito y el mito*, Arte y Literatura, La Habana, 1982, p. 177.
7– Soler, Jordi: *Me da dos Brian Epstein envueltos para regalo, por favor* en Chimal, Carlos: *Crines. Otras lecturas de rock,* Era, México, 1994 p. 42.
8– González, Enrique: Archivo del autor.

## **Sed de tantas cosas (2000-2012)**

La carga de expectativas que generó el cambio de siglo también se aplicó al *rock* en Cuba. ¿El respiro de los 90 había sido un espejismo? ¿Se necesitaban nuevas estrategias para consolidar el género? ¿Formaba parte de la riqueza musical nacional, o seguía siendo el chivo expiatorio para ataques de extremistas? Detrás quedaba un decenio donde la euforia suplantó al pesimismo, y donde el *rock* pareció encaminarse a una paulatina integración social, pero todavía visto con sospecha.

Mirando en retrospectiva es obvio que hubo transformaciones importantes. Entre ellas la reinstauración de los solistas, la institucionalización del género, la consolidación del *punk*, el regreso de las versiones, un mayor número de visitas de figuras internacionales, la ubicación del *rock* en la red de redes y los medios de difusión, los intentos de fusión con diversas músicas nacionales, así como una creciente presencia femenina, y la marcada deriva hacia los sonidos metaloides que provocó una escisión conceptual y práctica en la escena. Todos estos puntos se venían esbozando desde la etapa previa, pero al arribar el Tercer Milenio ganaron mayor preponderancia.

Antes de profundizar en algunos de ellos, sería bueno recorrer someramente los restantes.

### Bienvenido a mi era

Ya se apuntó que durante décadas el *rock* cubano estuvo dominado por los grupos, mientras los solistas perdieron terreno a partir de los años 60 hasta casi desaparecer por completo. Pero a partir de 2000, figuras individuales de ambos sexos se hicieron sentir con apreciable éxito. Los estilos incluían *rock-pop*, *rock* instrumental, diversos grados de fusión y *rock* duro. Utilizando sus nombres personales armaron colectivos de respaldo, aunque en ciertos casos limitados al estudio de grabaciones. Por otro lado, no dejó de ser llamativo el alto grado de exposición mediática que tuvo la mayoría.

Estaban antiguos componentes de bandas, como David Blanco (A-19), Equis Alfonso (Síntesis, Havana), Iván Leyva (Sahara), Patricio Amaro (*Collage*), Ángel Luis Fundichel (Dimensión Vertical), Alex Monet (AM), Dagoberto Pedraja (Los Gens), Osamu Menéndez (Havana), Ricardo Adelit (AM) e Yrguen Romero (Peldaño) entre otros, así como los guitarristas Elmer Ferrer, Pepe O´Farrill, Emilio Martini, Tiago Felipe, Jorge Marín, Ernesto Blanco y Rodolfo Ricardo "Fofi" más enfocados en lo instrumental. Una inconstante representatividad femenina tuvo a las solistas Yadira López (Paisaje Con Río), Mariley Reinoso (K Punto K) e Ivonne Rodríguez (Pasos Perdidos). Pero a pesar de las excelencias de algunos de estos trabajos individuales, el peso siguió recayendo sobre las bandas.

Jorge Marín

Otro fenómeno interesante fue el rebrote *punk*, insinuado desde la década anterior, y focalizado principalmente en el centro del país, donde llegó a contar con festivales como Lalapalapasa (Cienfuegos) y *PunkbataRock* (Sancti Spíritus). La precariedad de su desempeño instrumental y composicional, el empleo informal del español salpicado del argot popular y las llamadas "malas palabras", el apoyo de fanzines especializados, lo fugaz de algunas de esas experiencias, y las temáticas abordadas, moviéndose entre el desparpajo, la crítica social sin cortapisas y el nihilismo, fueron sus atributos principales.

Parte de las bandas *punk* gira alrededor de un líder (Gil Pla, William Fabián, Gorki Águila, Ernesto Rodríguez) quien define sus directrices, al tiempo que otras resultan más democráticas en sus principios funcionales. Las influencias más directas provenían del *rock* español (Reincidentes, Loquillo) y el *rock* radical vasco de La Polla Record, Eskorbuto, RIP y Kortatu, de quienes se tomó la visceralidad sonora, el anarquismo y, muchas veces, la peculiar ortografía dominada por el uso indiscriminado de la letra k. El tema *"Cadillac solitario"* del barcelonés Loquillo devino un estándar importado entre la mayoría de las agrupaciones *punk* cubanas desde que la capitalina Joker la incluyó en su repertorio.

Pedro Sainzen, del grupo Barrio Adentro argumentó sobre estas influencias:

"Con el paso del tiempo las bandas han tratado de buscar su propio estilo y su sonoridad. Hay un patrón que no lo puedes negar, pero cada cual lo adapta a su forma. Cuando le haces un *cover* a una agrupación de España no suena igual porque en Cuba se toca con más distorsión en las guitarras y nos gustan las cosas con fuerza y con más energía, y eso hace que sea diferente". (1)

En torno a los conceptos y actitudes manejados por

el *punk* nacional, una de sus figuras más destacadas, William Fabián, líder de Eskoria hasta su asesinato en enero de 2010, exponía en una ocasión:
"Estoy de akuerdo con la anarkía como forma konsciente de vida, aunke diskrepe kon ella en algunos aspectos ideológikos ke aún no he definido. A lo mejor puedo ser el más anarkista del mundo, pero no me gusta estar haciendo bandera de algo porke te das kuenta de ke hay un montón de gente ke habla, dice y luego aktúa al revés. ¿Kién puede estar seguro ke mañana no va a kambiar, no va a meter la pata? También estoy de akuerdo con las ideas más radikales del *punk*, pero no komparto el anti-sentido. Toda forma de lucha tiene ke tener un basamento sólido en ke sustentarse". (2)
Eskoria, Porno Para Ricardo, Akupuntura, Limalla e Histeria clasificaron entre las más reconocidas, así como *Golden Popeye´s Theory*, que se inclina a la teorización en torno a dicha estética. El llamado "*happy punk*" (o "*punk* universitario"), con énfasis en lo melódico y raíces en cierto *rock* estadounidense finisecular, tuvo su momento de esplendor en el primer lustro.
En una etapa en que la coexistencia de las distintas líneas del *rock* se fue volviendo cada vez más difícil, *punk*is y metaleros coincidieron con frecuencia en eventos a partir de una alquimia común: la intensidad sonora. Estilos que mezclaron ambas corrientes también contaron con seguidores en todo el país.
El papel mayor jugado por las féminas en la nueva centuria no se limitó a la integración de bandas. Tareas tan sensibles como las de representación artística, promoción y realización de fanzines muchas veces estuvieron en sus manos, incluyendo la dirección de la Agencia Cubana de *Rock*. Además, la presencia como cantantes o instrumentistas en

diversos colectivos fue notable, sobre todo –aunque no solo– en las vertientes más fuertes del metal.

En cuanto a la retroalimentación internacional, algunas agrupaciones y solistas de la isla actuaron en otros países: Zeus (España), Osamu Menéndez (Estados Unidos y México), Tendencia (España, Alemania y Venezuela), Azotobacter (México), Tribal y Médula (Ecuador), Arrabio (Canadá y Estados Unidos) y Equis Alfonso y Anima Mundi que realizaron giras por distintas locaciones de Europa.

Lo más revelador fue el paso por Cuba de un flujo de exponentes extranjeros. Rick Wakeman, *Audioslave, Pin Pan Pun Band* y *Simply Red* documentaron sus actuaciones en materiales filmográficos oficiales. Otro hito fue la celebración por los 40 años del *rock* argentino, en febrero de 2007, con un concierto en La Habana, que incluyó a prestigiosas figuras como Claudia Puyó, Liliana Vitale, Hilda Lizarazu, Héctor Starc, Pedro Aznar, David Lebón, Ulises Butrón, Horacio Fontova, Palo Pandolfo, Juan Carlos

Baglietto, Adrián Abonizio, Jorge Fandermole, Rubén Goldín y Lito Vitale.

El *Brutal Fest*, con su carácter itinerante por el país y centrado en los sonidos extremos del metal, combinó exponentes nacionales y foráneos. Organizado por David Chapet (del sello francés *Brutal Beatdown*) y la Agencia Cubana de *Rock*, tuvo una primera edición solo con agrupaciones del patio para promover el compilatorio *Not salsa, just brutal music* (2008), publicado por dicha discográfica. A continuación giraron por la isla, entre 2010 y 2012, grupos de Suiza (*Cardiac, Stortregn, Destronork, Mistery Cold, Mumakil, Promethee, Deadly Sin Orgy, Daigoro, Kess´khtak* y Elizabeth), Estados Unidos (*She´s Still Dead*), Gran Bretaña (*Pariso, The Prophecy*), Francia (*Inhumate, Donkey Punch, FOAD, Sedative*), Bélgica (*Daggers*) y Costa Rica (Colemesis). A mencionar también la experiencia *Solidarity Rock* que, desde Canadá, concretó conciertos compartidos por bandas cubanas y de ese norteño país.

Figuras como Sir George Martin, el mítico productor de *The Beatles*, y el periodista y productor español Mariscal Romero, hicieron breves visitas a la isla (en el decenio anterior lo habían hecho Jean Michel Jarre, Tito Oses y Nito Mestre, entre otros). Hubo también los que viajaron para actividades colaterales a la música (Dominic Miller, Gary Lucas, Ruper Ordorika, Ry Cooder, Rodrigo y Gabriela, Guy Pratt, Jaime Stinus) o en plan privado, como Sting, Paul McCartney, Robert Plant, Jackson Browne, Jimmy Page, *Sigur Ros*, Mike Johnson (*Thinking Plague*) y Frank Crijns (*Blast*) dejando una estela de anécdotas verídicas y apócrifas.

Aunque el rol de los medios de difusión se verá en un capítulo aparte, vale adelantar que en la primera década del siglo XXI el *rock* tuvo una presencia notable, aunque no exenta de polémica. La televisión se tornó más receptiva, se afianzaron espacios radiofónicos, la Asociación Hermanos Saiz hizo un intento (fallido) por crear la revista *JaRock de Café*, y los fanzines ganaron en circulación y objetividad.

El número de agrupaciones de distintos estilos –con preferencias en el metal– creció sin un balance favorable en cuanto a perdurabilidad: muchas propuestas se perdieron de vista con rapidez por inconsistencias conceptuales, escasez de recursos técnicos, trabas burocráticas o desánimo del personal. Abundaron también proyectos efímeros, asociaciones temporales de músicos pertenecientes a distintos grupos, y las colaboraciones intergenéricas de individualidades y colectivos en pleno.

Por ejemplo, Lego y las bandas de Norman Bataille y Elmer Ferrer presentaron mezclas de *rock, jazz, blues, funk* y más. Por otro lado, se produjo un trasvase con exponentes de la electrónica y la música bailable. Un grupo cuyo trabajo inicial bebió del *rock* –aunque no asumió el género a plenitud– fue Interactivo, liderado por el pianista Robertico Carcassés (ex Estado de Ánimo) destacando sus personales versiones de *"I want you"* (*The Beatles*), *"Kashmir" (Led Zeppelin)* y *"Tubular bells"* (Mike Oldfield).

Las experiencias de fusión entre el *rock* y distintos ritmos nacionales (y caribeños, en general) se acentuaron más. Moneda Dura, Wena Onda, Partes Privadas, Alas D´Ángel, Estrella Negra, Qvalibre y otros, abrazaron esa amalgama con diferentes niveles de elaboración, que abarcó además toques de pop, cercana a la denominación convencional del "*rock-pop* latino" en su vertiente melódica. No deja de ser significativo que, más adelante, algunos de los mencionados atravesaron un proceso que poco a poco los fue privando de los elementos característicos del *rock*, hasta derivar en propuestas que no guardaban relación con el género.

### Algunos artistas extranjeros de paso por Cuba (2000-2012)

Alemania: *Dritte Wahl, Fuoristrada, K-727, Green & Submarine, Sore*

Argentina: Fito Páez, Los Vándalos, Carajo, Mancha de Rolando, Jaque Reina

Australia: *Stone Circle, Air Supply*

Brasil: Sepultura, Lenine, *Derivasons*

Canada: *Slates, Kids On Fire,* Phil Kane, *Quarter Life,* Sarah DeLuca, *7 & 7 Is, The Vicious Cycle, Previous Tenants, Hangloose*

Colombia: Nepente, Tres de Corazón, *Corruption*

Costa Rica: Exnobia, Mantra

Ecuador: Cruks En Karnak, Lucho Enríquez Trío, Likaon, Retaque, Aztra

España: III Guerra Mundial, A Palo Seko, Amparo Sánchez & *Calexico,* Ojos de Brujo, Manu Chao, *Skizoo, Sugarless, Free To Dream,* Jarabe de Palo, Mártires del Compás, *Pin Pan Pun Band,* Moby Dick, Fran Solana, *Itziarren Semeak, Glazz, Ze Esatek*

Estados Unidos: Taj Mahal, *Audioslave, Bowing, Kool & The Gang, Junkyard Empire, Uh-Oh, Havanarama*

Gran Bretaña: *Elbow, Manic Street Preachers,* Rick Wakeman, Phil Manzanera, *Simply Red,* Jack Bruce, *Sandstone Veterans, Asian Dub Foundation*

Guatemala: Viernes Verde, Los Últimos Adictos

Holanda: Rene Engel

Indonesia: *Punkasila*

Italia: Banda Bassotti, Zucchero, *Vortice Cremisi*

Japón: Kazufumi Miyazawa

México: Piraña, Fher (Maná), Ely Guerra, Jaguares, Baal, Kompadres Muertos, *Maya´s Frequency,* Julieta Venegas

Panamá: Factor 8

República Checa: *Sabot*

Suecia. *Jump 4 Joy*

Suiza: *The Baboon Show*

Uruguay: No Te Va A Gustar

Venezuela: Piolet

Otro giro positivo estuvo en las discografías, independientes o amparadas por algún sello nacional o extranjero. Si bien todavía los mecanismos de distribución resultaron inciertos, hubo discos comercializados de manera oficial, mientras un número mucho mayor se movió en el mercado informal, sin olvidar que la tecnología digital fue un factor democratizador, poniendo la música al alcance de cualquier interesado a un mínimo costo. Pero esa es otra historia.

## *Crónica de un sueño*

Descontando su connotación contracultural –nunca bien entendida en Cuba– el *rock*, por regla general, suele florecer al margen de corsets institucionales. Con mucha mayor fuerza que otras músicas, generó sus propios circuitos de creación, exposición, difusión y circulación. El hecho que una parte de sus cultores más afamados se haya incorporado al gran mercado, no se aplica a la vastedad del género. En momentos en que se siguen creando emporios comerciales, el *rock* basa su respuesta en los trabajos de pequeñas compañías.

En Cuba, el *rock* sufrió el escarnio social durante décadas, con las consiguientes secuelas. Ni siquiera el «proceso de rectificación de errores y tendencias negativas» impulsado en los años 80 dejó clara su postura al respecto.

La institucionalización del *rock* en Cuba tuvo su punto de partida más visible en la develación de la estatua a John Lennon el 8 de diciembre de 2000, en un céntrico parque habanero. La ceremonia, que fue presenciada por las más altas autoridades del país, pareció poner punto final –de manera simbólica– a una larga etapa de censuras y atropellos contra el género, sus cultores y simpatizantes. Sin embargo,

más allá de su eco mediático, generó controversias, al centrarse en la politización de la figura del asesinado ex *Beatle*. Como explicó el entonces Ministro de Cultura, Abel Prieto:
"<u>No creo que le hayamos hecho la estatua a una figura de la música</u>... Fue una estatua al soñador... al hombre de ideas políticas avanzadas, al hombre de vanguardia que no se dejó manipular por el mercado artístico que manipula tanto y a tanta gente ha anulado. John Lennon fue un hombre de ideas muy avanzadas. <u>Y era importante que no quedara como la escultura de un peludo, como una especie de homenaje póstumo a uno de los grandes fundadores de Los Beatles</u>.[1] Nuestro monumento a Lennon es mucho más que eso". (3)

Esta visión fue apoyada por varias personalidades de la cultura, músicos e investigadores. En cierto modo conectó con anteriores coartadas extra artísticas para aceptar a géneros foráneos como el *jazz*, por ejemplo. Quienes utilizaron esos argumentos le otorgaban validez al *rock* solo a partir del descontextualizado y sobredimensionado impacto sociopolítico de algunas de sus figuras más relevantes. La necesidad de hallarle una legitimidad al margen de su esencia real (música) también ha sido uno de los hándicap más sensibles para el *rock* hecho en Cuba.

No obstante, la marea optimista generada por la estatua a Lennon se truncó en septiembre de 2003 con el cierre del Patio de María. Pese a sus insuficientes condiciones técnicas y estructurales, mejoradas discretamente con los años por el aporte de trabajadores y músicos que por allí pasaron, lo que le había dado vitalidad hasta convertirlo en un símbolo del movimiento fue su condición incluyente, su labor comunitaria y –para nuestro caso– el respeto hacia la diferencia que implicaba el *rock*.

---

[1] Subrayado por el Autor

Su clausura dejó un sentimiento generalizado de desvalimiento. Se perdía no solo un espacio caracterizado por la confianza y empatía, sino también la representatividad personal de María Gattorno. Las razones para el cierre nunca quedaron claras y a pesar de nobles intentos por revertir la situación no hubo marcha atrás.

Sobrevino entonces una temporada en la que el *rock* deambuló de sitio en sitio. Algunos teatros y casas de cultura organizaron conciertos; y un sostén importante llegó con los festivales que se extendieron más que nunca por todo el país.

Tal situación comenzó a cambiar al inaugurarse la Agencia Cubana de *Rock* (ACR) el 20 de julio de 2007. Su sede se estableció en un antiguo cine barrial habanero, reconstruido y dotado de la tecnología necesaria en sonido y luces, y que comenzó a funcionar el 28 de septiembre del año siguiente bajo el nombre de Maxim *Rock*. Sin dudas, la Agencia colocó un sello de reconocimiento oficial para el género. Un pequeño equipo liderado por Max Yuris Ávila, junto a Alberto Muñoz, Anne Marie Vázquez y Raúl Nápoles, entre otros, echó a andar la maquinaria administrativa, las estrategias promocionales y la sala de conciertos.

Inscrita como dependencia del Instituto Cubano de la Música, mantuvo cierta autonomía a la hora de seleccionar su plantilla de grupos y personal. En palabras de Yuris:

"La Agencia es un proyecto institucional que tendrá mucho más alcance dentro de unos años. Esto prácticamente está naciendo, debe fortalecerse y solidificarse con el paso del tiempo. Es como si fuera un proyecto de estudio para ver cómo funciona, ya que esto no había sucedido nunca. Ahora se han dado cuenta que hacía falta crear algo especializado en el género y el Maxim es el primer paso. Esta es una idea excelente pero lleva un costo tremendo". (4)

## 2000-2004

2ble Moral, Abstracto (Matanzas), *Aeternum*, Aingerluz, *Akathalepsy*, Akeronta, Akupuntura, *Alliance*, *Amber Road*, *Amenthis*, Apocalipsis (Santa Isabel de las Lajas), Área 313, Aria (Perico), Arrabio, AZT, B-612, La Bodega del *Blues*, *Booster*, *Bouquet*, *Breakdown*, BUM, *Butcher*, C4 (Habana), Caminos del Ayer, Cancerbero, Cemí, *The Chaos Nether Silence*, *Chlover*, Claroscuro, C-Men, Código Morse, *Collage*, *Congregation*, Corazón de Metal, *Cruxificide*, *Cry Out For*, Cuarto de Máquinas, *Cyborg*, *Cypher*, D´Chave, Dago, Dana, *Dark Fire*, *Darkening*, *Dawn of Madness*, *Deeper Words*, Demencia, Doble A, DOCIS, Druida, *Easy Job*, Ecos (Cienfuegos), Eggún, Elmer Ferrer *Band*, Escape, Escorzo, Eskarcha, *Falling Up*, *Feedback*, *Firmament*, Folklórica, *Food Chain*, *Freedom*, *Golden Popeye´s Theory*, *Golden Rock Era*, *Graft*, *Grinder Carnage*, *Hinge*, Hipnosis, Histeria, Hojarasca, *Hot Zone*, Iceberg (Placetas), Imagen 4, *Incinerate*, Ipoglisemia, IT, Izquierdo Reservado, Jake Mate, Jeffrey Dahmer, *Joint*, Kamarada Hop, Kaos, Kasave *Blues Band*, *Killer Clowns*, Kukaracha Fat 32, LCD, Lenguaje de Adultos, Ley de Jákaro, Limalla, *Lost Creation*, *Made in House*, *Magnum* (Habana), Makbenash, Mate, *Meanwhile*, Médula, Morbo (Baracoa), *Mortuory*, Narcosis, *Needle*, *Nerd Tamid*, Nimbo, Nubes, Odisea, *Onset*, *Other Side*, Ozayn, Partes Privadas, Paso Firme, Pedro Reyes y La Década, Peldaño, *Perfect Clone*, *Plugs & Play*, Proyecto AM, Punto Cero, Qvalibre, Radical OH, Red X, *Replicator*, *Rocket Seed*, Rumba Brava, Sándalo, Sektor Oeste, *Seven Up*, Sexocial, *Slice*, *Snuff*, *Soul Decayed*, *Stress*, Sufriria, *Sweet Child*, *Symphony of Pain*, Tejado de Vidrio, Tenaz, Tesis de Menta, Teufel, THC, Thelema, Tierra Quemada, *Tragedy*, *Treatment Choice*, Trisonanza, *Upside Down*, Vertical, Wena Onda, *Wrong Side*, *Yesterday*, Zapatilla

Desde su fundación se armó un catálogo de agrupaciones que pasaron a ser «profesionales». Al cierre de esta investigación contaba con *Agonizer, Anima Mundi*, Aria, *Chlover, Combat Noise*, Escape, Hipnosis, *Magical Beat*, Magnum, Qvalibre, Tesis de Menta, Zeus, *Hot Zone*, Estigma DC, *Congregation, Ancestor,* Izquierdo Reservado y *Darkness Fall* (Extraño Corazón perteneció por un tiempo a la nómina original). Además de diseñar la programación del Maxim *Rock*, organizó festivales y giras nacionales (como "*Rock* para mi isla", en 2010), impulsó la grabación de discos y asumió la representación de sus grupos. Lo más valioso de esta experiencia fue que la relación con el *rock* se facilitó desde personas conocedoras de esta música, y no por meros funcionarios.

Por supuesto, no todos se vieron reflejados en la ACR. Uno de los aspectos más criticados fue la exclusión de los cultores no capitalinos que, con un poco de suerte, continuaron anclados (si acaso) a sus centros provinciales o cobijados por la Asociación Hermanos Saiz, mientras la Agencia proclamaba un carácter nacional que no se correspondía con la realidad. También como parte de esta apertura, surgieron sitios de recreación (las "discotembas") ambientados con música *rock*. La mayoría de ellos vinculados a la red gastronómica, se decantaron por el «*rock cover*», dando prioridad a la interpretación en vivo o de grabaciones, del material foráneo.

Otro síntoma favorable fue la presencia del *rock* en Cubadisco. Al ganar espacios dentro de los sellos nacionales, mientras crecía exponencialmente la cantidad de grabaciones independientes en el circuito informal de distribución, fue acogido por el evento anual de la industria discográfica. Sin embargo, la inclusión está marcada por la ambivalencia conceptual que reflejan las denominaciones de sus categorías. Mezclado con la trova y el pop en ocasiones, quizás debido a la escasez de títulos en competencia o por apreciaciones internas del Comité Organizador, se vio sujeto a decisiones polémicas.

---

### El *rock* en los Premios Cubadisco

2000 – *Futuro inmediato* (Santiago Feliú)
2001 – *Para no pensar* (Polito Ibáñez)
2002 – (no existió como categoría)
2003 – *Nieve en La Habana* (Dago)
2004 – *Siete* (Carlos Varela, Trova/Pop/*Rock*)
2005 – *Rebelde* (Tendencia)
2006 – *Raza* (Gerardo Alfonso, Trova/Pop/*Rock*)
2007 – *De cero* (Diego Gutiérrez, Trova/Pop/*Rock*)
2008 – *Sobreviviendo* (Elévense, Trova/*Rock*); *Almas sin bolsillos* (Moneda Dura, Pop/*Rock*)
2009 – *La evolución* (David Blanco, *Rock*); *Catalejo* (Buena Fe, Trova/Pop/*Rock*)
2010 – *Primer encuentro con el lado oscuro* (*Chlover*)
2011 – *The way* (Anima Mundi, *Rock*); *Palabras vacías* (*Dead Point*, Metal)
2012 – *Bitácora* (Extraño Corazón, Pop/*Rock*); *La hora de la verdad* (Escape, Metal)

---

La contraparte fue Cubademo, creado por la Asociación Hermanos Saiz desde noviembre de 2009, donde como lo indica su nombre, competían grabaciones no oficiales de distintos géneros, incluyendo el *rock*. Además, en la medida que aumentó la captación oficial, crecieron también los intentos de autonomía, como el proyecto Utopía, en Morón, fundado por Yasser Ferrera Valdivies y José Ramón Reinoso (fallecido prematuramente en 2010) cuyo rol –basado en la autogestión financiera– se encaminó a organizar presentaciones locales de bandas de todo el país.

Escape

Los festivales fueron otro de los signos de masificación, unos admitiendo estilos diversos, y otros centrados en unas pocas direcciones (*punk, black metal*, pop-*rock, covers*). Sitios como Santa Clara (Ciudad Metal), Holguín (*Rock*merías, Metal HG), Camagüey (Sonidos de Ciudad), Jatibonico (Puente al Metal), Santiago de Cuba (Ceiba *Rock* Metal), Guardalavaca (Luna Llena), Bayamo (*Rock* de la Loma), Matanzas (Atenas *Rock*), Contramaestre (*Rockevolución*), Cabaiguán (Cuerdas Negras), Pinar del Río (Rey Metal, Pinar *Rock*), Cienfuegos (*Rock*asol), Sancti Spíritus (Intermetal, Yayabo Metal Fest), San Antonio de los Baños (*Rock* en el Río), Placetas (Mario Daly *In Memorian*), Guanajay (Revolución *Rock*), Caibarién (Cayo *Rock*) y la capital (Caimán *Rock*, 666 Fest, Eurometal) se turnaron para acoger estos y otros eventos. Algunos con intenciones artísticas más amplias, como Piña Colada (Ciego de Ávila) y los habaneros Rotilla, Cuerda Viva y *Love In* incluyen el *rock* en sus actividades. Incluso el *Jazz* Plaza y el Festival Internacional del Nuevo Cine Latinoamericano han ofrecido espacios, de manera ocasional, para cultores extranjeros del género.

## Contando cicatrices

El regreso a las versiones funcionó como una curiosidad en ascenso, no solo por la cantidad de exponentes, sino también por su alcance social y la sorpresiva aceptación que recibió por parte de las autoridades culturales. Esta modalidad funciona también en otros países, con elementos comunes y diferentes a los de Cuba. El periodista argentino Esteban Rodríguez apunta:
"En una época de tantos tributos, cuando no se sabe si los *covers* son una estrategia de supervivencia o la mejor prueba de la falta de ideas o de creatividad, ponerse a cantar un repertorio ajeno implica cargar con estas sospechas". (5)
En el caso de Cuba la duplicación de las canciones foráneas jugó un papel de gran importancia. Además, el decenio anterior ya había tenido, por un lado, la revalorización del inglés dentro del material original, sin limitarse a las versiones, y por otro la recuperación de algunos *covers* que se fueron intercalando en los repertorios de quienes todavía daban mayor fuerza a sus canciones. Con esa tónica habían aparecido bandas o proyectos de fluctuante estabilidad como Tiempo Extra (1991, Camagüey), SWAT (1995, Guantánamo), y los habaneros *Spíritus Santic* y EFA, en 1996, y *Silver Dry* un año después, entre otros. En esos momentos se manejaba como algo eventual, destinado a públicos específicos.

## Sed de tantas cosas (2000-2012)

El nuevo milenio generó una dirección paralela cuyo diapasón abarcó la reproducción del «*rock* clásico» (de fines de los 50 a inicios de los 80) llegando por momentos hasta el *grunge* de los 90, pero rara vez traspasando esa frontera. Defensores de sus trabajos originales, incluyeron versiones de modo esporádico, y aunque no se ha generalizado –por ahora– nada hace suponer que en el futuro no vaya a ganar mayor fuerza. Se requiere, entonces, una distinción entre quienes hacen del *cover* su impulso básico, y quienes solo lo interpretan ocasionalmente. Como apunta Alexander Sánchez, coeditor del fanzine *Scriptorium*, a propósito del evento Ciudad Metal de 2010:
"La temática de hacer un *cover* o versionar el material de una agrupación que nos influencia es tan vieja como el mismo *rock*. Es válida, es lícita, es permitida; y cuando se ejecuta extraordinariamente, es muy gratificante, tanto para los músicos, como para quien la recibe. Sin embargo, noto que algunas bandas en sus *set-lists* incluyen demasiadas versiones, y lo que me inquieta es que el público llegue a identificarse y a apoyar más al *cover* realizado que a las composiciones propias. En el Ciudad Metal me percaté que algunas agrupaciones usaban el *cover* como un instrumento para levantar el concierto, incluso mediante una versión cerraban el espectáculo por todo lo alto, a todo tren, con las ovaciones más cerradas. Esto se denomina auto-engaño". (6)
Entre quienes cultivan los *covers*, las diferencias y similitudes se localizan en los repertorios, con independencia de si se trata de ensambles de nueva formación o veteranos reciclados. Hay quienes solo acuden al *rock* anglosajón; los que lo combinan con su material, y aquellos que apuestan por el pop y *rock* cantado en español, con algún acercamiento a lo anglófono. Esto evidencia además las referencias fundamentales de los músicos y sus simpatizantes.

Durante años hubo agrupaciones que mantuvieron los *covers* como parte de su propuesta: Los Kinin, Los *Moddys*, Década y Órbita 1, por señalar unos casos. Ya con el nuevo siglo se reformaron algunas de la «vieja guardia» habanera: Los *Kents*, Los Gafas, Los Takson, Dimensión Vertical, Los Gens y Los Dan. Asimismo surgieron otras que incluían músicos noveles y veteranos: Zénith, Red X, *Magnum*, Proyecto AM, Mente Abierta, Kosta Norte, *Magical Beat*, Sánsara, Habalama, *Back Space*, Tierra Santa, *Golden Rock Era* y Eddie Escobar y su grupo, junto a varios más. Partes Privadas, tras una etapa con material propio en el "*rock* latino", cambió a las versiones a partir de su reunificación en 2011, mientras el proyecto circunstancial y musicalmente subversivo *Take Your Cover Here,* del guitarrista Ciro Penedo, marcó desde su nombre una declaración de intenciones.

Órbita 1

En otras provincias se sumaron Ecos (Cienfuegos), Pedro Reyes & La Década y *Blues Connection* (Sancti Spíritus), Imagen 4 y *Warm Revolver* (Santa Clara), *Flashback* (San Antonio de los Baños), Los Hermanos Brauet (Guantánamo), Banda América y Retorno

(Holguín), Punto Cero (Santiago de Cuba), Cubayam y Ayer y Hoy (Bayamo), Eckos (Gibara), Los Huracanes (Baracoa), Antares (Las Tunas) y Caminos del Ayer (Niquero) entre otros. Finalmente están aquellos que de manera eventual echan mano a las versiones como Póker Club, *Rice & Beans*, Tesis de Menta, *Bouquet*, Viento Solar y Sociedad Habana *Blues*, por citar algunos nombres.

Los homenajes a John Lennon en distintas ciudades, así como festivales del perfil de Arañando la Nostalgia (Holguín) y *Fest Covers* (Matanzas) son plataforma idónea para esta dirección. Otras variantes en una estética similar son los encuentros de asociaciones de seguidores de esa música, como el celebrado en 2003 en Mayarí Arriba, el Club MPR (Música del Pasado Reciente) oficializado en Sagua La Grande a partir de 2001, la Asociación Amigos de la Década (activa desde abril de 2008 en Camagüey) y el *Beatles Soul* (Habana) desde junio de 1999. Con un alto poder de convocatoria, experiencias parecidas impulsaron la movida revivalista en diversos lugares (Vertientes, Cumanayagua, Amancio Rodríguez, Campechuela, Palma Soriano), si bien en muchas ocasiones primaba más la empatía hacia el cancionero hispano que por el anglosajón. También se crearon sitios especialmente diseñados para esta música como La Caverna (Holguín, 2004), el Centro Cultural Recreativo Los *Beatles* (Bayamo, 2006), el club Submarino Amarillo (Habana, 2011) y el bar-restaurante *The Beatles* (Varadero, 2012).

En una linea cercana, y como muestra del impacto del *rock* en general (y *The Beatles* en particular) aparecieron experiencias como el disco *Here comes el son* (2000) y el proyecto grupal *The Spirit Of The Beatles* (2012). En el primero, destacados salseros (Leo Vera, Rojitas, Coco Freeman) revisitaron la obra de los *Fab Four*, con arreglos de Pucho López, mientras el segundo, abocado también el cancionero de los ingleses (entre otros) fue concebido por la cantante Luna Manzanares y el pianista Alejandro Falcón, ambos provenientes del *JoJazz*, evento matriz de los jóvenes jazzistas cubanos.

Otro capítulo interesante ocurrió con el estreno de la obra teatral "La historia de Juan Lennon", en el verano de 2012 en La Habana. De la autoría de Pepe Piñeyro (ex integrante de Los Pacíficos), dirigida por Enrique Núñez y con el soporte musical del grupo Miel Con Limón, recreó desde la ficción la vida de un seguidor de *The Beatles* en la difícil época de los 60 en Cuba. Su éxito de público y críticas favorables fueron un reconocimiento a esta visión agridulce que evocó las intolerancias de antaño.

### Rebelión: *Marching to devastation*

Uno de los rasgos de mayor controversia en la escena inaugural del nuevo milenio fue la separación cada vez más acentuada entre *rock* y metal. La acelerada radicalización de posturas, sobre todo entre los seguidores de las líneas extremas metaleras, causó fisuras en el movimiento, dividiendo audiencias, intenciones, puntos de vista y resultados.

Todavía no hay consenso entre los especialistas sobre si el metal puede considerarse un género aparte, desligado –aunque derivado– del *rock*. Hay opiniones contradictorias, pero lo cierto es que sus simpatizantes suelen marcar distancias. Si esto obedece a un nuevo fundamentalismo conceptual es algo que está por definir. Incluso Cubadisco separó las categorías desde 2011. Juan Carlos Torrente, líder de *Combat Noise* y uno de los que más ha teorizado sobre esto, se muestra tajante:

"Sépase que el metal creció en la barriga del *rock* durante los años setenta y los ochenta. Pero después de un parto feliz se ha desligado completamente y ya no es considerado un subgénero dentro de la música *rock*". (7)

No obstante, a los efectos de Cuba, y pese a criterios parecidos vertidos por otros músicos y entusiastas metaleros, el término *"rock"* funciona aún como sombrilla para sonidos distintos con una raíz común. Prueba de ello es el nombre de la misma Agencia Cubana de *Rock*, pese a tener en su nómina una mayoría de bandas de metal, incluso aquellas que manifiestan claramente una postura de distanciamiento respecto a quienes cultivan otras líneas del género.

Combat Noise

Algunos estilos del metal ganaban preponderancia desde fines del siglo anterior. Independientemente de las causas musicales y sociológicas, el efecto se hizo más visible al arribar la nueva centuria. *Black, thrash, metalprog, nu-metal*, gótico, *stoner, doom, sludge, death, grind, hardcore, industrial, grind-noise, metalcore, viking metal* y una extensa cifra de divisiones, subdivisiones y combinaciones ofrecieron un abanico diverso, aunque al neófito le cueste trabajo discernir entre tantas corrientes con mínimas diferencias en el sonido.

Como señalaron los integrantes de Los Piratas:
"El *rock* en Cuba se ha ido por dos variantes: o haces *punk* o haces metal. Por lo menos eso es lo que vemos nosotros desde nuestra perspectiva. Hay muy buenas bandas, se hace muy buena música, pero de cierta manera nosotros nos hemos autocensurado, autolimitado. Y de cierta forma se ha perdido la riqueza que tiene el *rock*, los matices en cuanto a arreglos, variedad, sonoridad". (8)

Esa "metalización" es cuestionada por segmentos de músicos, público y críticos. Por el contrario, a sus cultores y fanáticos les entusiasma justamente el sesgo que han tomado las cosas y que cada vez sean más las bandas que se inscriben en este espectro.

Lo cierto es que el diapasón más intenso del *rock* encadenó puntos comunes en su devenir nacional. Las puestas escénicas visualmente agresivas (a veces en el sentido literal del adjetivo), actitud de choque, intensidad sonora, predilección por el ocultismo, las mitologías foráneas, guerras, la violencia descarnada y temáticas anticristianas, recuperación del inglés, empleo de maquillajes y disfraces, y vocalizaciones distorsionadas con técnicas guturales de emisión, forman su base.

La disputa entre *rock* y metal merece acercamientos desde las disciplinas académicas, sobre todo cuando se comprueba que se manifiesta en otros países también, no sólo en Cuba. Lo más recurrente es que sean los «metaleros» quienes se sitúen en un extremo –que para ellos es el único válido– arrinconando en el otro lado a todo lo que consideran «poco auténticos». En ese ángulo excluido caben por igual gente del pop, trovadores, emos, intérpretes con algún rasgo de fusión, estilos diversos (progresivo, *jazz-rock*, *blues-rock*) y cultores del *rock* «convencional»; en fin, todo lo que no suene a «metal».

## *Fabricamos un arte especial en un medio hostil a los soñadores*

Tras medio siglo de existencia, y a la deriva en una difícil situación nacional, el *rock* en Cuba sigue sin lograr su plena aceptación social. Pasos como la fundación de la Agencia Cubana de *Rock*, el Maxim *Rock*, los festivales y la relativa apertura en los medios de difusión, son como gotas de lluvia en el desierto. Descontando la inconformidad de sus creadores y simpatizantes, en un contexto sujeto a cambios imprevistos, es difícil hacer predicciones o valorar en toda su extensión los diferentes elementos que lo impulsan o lastran.

Desde mediados de la primera década de la nueva centuria hubo un aumento notorio en la cantidad de grupos, como se verá a continuación. Esto fue más visible sobre todo fuera de La Habana. Aunque hubo signos de cierta diversidad en los repertorios, el metal se mantuvo nuevamente como la sonoridad más recurrida, a partir de sus múltiples y renovados subestilos.

## 2005-2012

321, *A Version To Fall, Abaddon,* Adictox, AKDA1, *Aklo Sabbaoth, Al Strike,* Alfa y Omega, Alisson, *Almost Perfect, Altair,* Alter Ego, AM, *Ancestor,* Andrea, Ángeles Azules, *The Animal FARM, Anomaly, Antagon,* Aria (Habana), *Ars* Oscura, *Asgard,* Asko, Ayer y Hoy, Azotobacter, *Back Space,* La Babosa Azul, Banda América, Barrio Adentro, *Blackout, Blackult, Blood Heresy, Bloodshed, Blue* Rey, *Blues Connection, Born In Flames, Break Even Point, Breaking Blessing, Breaking Death, C´Tash,* C4 (Baracoa), Camada, *Chamber 32,* Chispa E´ Tren, *Citadel, Claim,* Claudia con K, Coalición, *Crying Moon,* Cuarzo, *Cursed Armony, Damselfly, Dark Choice, Dark Mill, Dark Naberus, Darkness & Blizz, Darkness Fall,* Dead Strings, *Dead Point,* Diadema, *Diamond Dust,* Dinastía (Camagüey), Dkadenzia, *Downtrip, Dust, Eckos,* Eddie Escobar y su Grupo, *Eden, Empty Space,* En Nota, Estigma DC, Estrella Negra, *Evenfall,* Extress, *Faceless, Fakeless,* Faktoría, *Flashback, Flowers of Evil, Forbiden Tree, Friday The 13th Ghost Murders,* Gas-O, Gatillo, Geyser (Las Tunas), *God Crying, Guttural Uxoricide,* Habalama, Habana En Serio, *Haborym Mastema,* Halley, Harsh, Harvest, Helgrind, *Here In, Here Under,* Hex, *High Grass,* Hirden, *Homeland,* Horas Extras, *I Kill For A Day,* Imanencia, *In Rage, In Tape,* Inercia, *Infernal Souls,* Ing, InterNos, *John Kiss, Jottabich,* Kallejeros Kondenados, *Kasbel, Kill The Fish, Kimera,* Kolizión, *Konflikt,* Kosta Norte, Krizis, *Last Forgotten Day,* Lego, *Lost In Hell,* Mabulla, *Made in Kuba, Magen, Magical Beat,* Mala Lengua, Malas Noticias, Mente Abierta, Metamorfosis (Camagüey), Metástasys, *Midstream, Mistery, Moan, Mordor,* Mortaja, *Motor Breath, Narbeleth,* Natural Trío, *Nergal,* Nevulosa, *New Life*

> **2005-2012 (cont.)**
>
> *Night Elf*, Noise, *Noise Pollution*, Norman Bataille Band, *November Charlie*, *Null*, Obscuro, *The One Who Bleeds*, *Other Brain*, *Outcry*, Página en Blanco, Parasomnia, *Pearl Rain*, Péndulo, Pepe O´Farrill Project, Pikadura, *Pilgrim*, Los Piratas, *The Pleyades*, Postmortem, *Praez*, *Praxis*, *Preatorians*, Prótesys, *Putrefactus*, *Quantum*, Radical, *Rainfall*, *Read Between The Lies*, *Rebound*, *Replay*, *Requiem of Hell*, Resaka, Resistenzia, Retorno (Holguín), *Rhiannon*, Roca de Almendra, *Rock-a-blues* Trío, Ruptura, Safrax, Sánsara, *Saxum*, *Say Cheese and Die!*, Sed, *Septum*, *Seven Day*, *Shade Of Goddess*, *The Shepal*, *Shock*, Simbiosis, *So What?*, *Sound Blast Profile*, *Spare Time*, *Spectral*, *Stainless Steel*, *Steel Brain*, *Stoner*, *Storm Cloud*, *Street Made*, *Strike Back*, *Suffering Tool*, *Switch*, Terbio, Los Textos, Tierra Firme, Tierra Santa, *Trendkill*, *Unlight Domain*, *Uranium Willy*, Virgilius *Friends*, *Vs. Time*, *The Waiting*, *Waiting For Nadia*, *War Inside*, *Warm Revolver*, Yrguen Romero *Band*, *Zero*

Es imposible generalizar en torno a la situación del *rock* en Cuba en la década inicial del siglo XXI. Coexisten criterios enfrentados: mientras para algunos todo marcha a pedir de boca, otros conservan la sospecha hacia lo institucional, o miran con escepticismo las nuevas coordenadas. Según Roberto Díaz, guitarrista y director de Anima Mundi: "El *rock* cubano ha sobrevivido a una severa política hostil en su contra. ¿Después de muchos años qué queda? Muy pocos espacios le dan cobertura, inclusive aunque traten de hacer ver lo contrario... La situación del *rock* en Cuba es muy compleja, a mi entender tiene tres ángulos y todos se retroalimentan: el gubernamental, que conocemos bien;

los músicos, que son pocos, comparados con otros géneros musicales y no hay mucha variedad en los estilos, y el público, en el cual pienso que recae el cambio más dramático". (9)

Por su parte, llamados a señalar las fallas de la escena, los integrantes de la banda tunera Prótesys apuntaron:

"Todavía nos falta madurez a las agrupaciones y seriedad a la hora de tomar un rumbo adecuado para hacer un *rock* verdaderamente cubano. La otra sería que todavía a pesar de los esfuerzos por levantar el *rock* en nuestro país, muchos nos sentamos solo a esperar que nos ayude el espíritu santo y no hacemos nada para apoyar el metal". (10)

La Agencia Cubana de *Rock* ha tenido que dar pasos alejados de su concepción para sostenerse económicamente. Como estrategia de rentabilidad no solo se aumentó el (muy barato) precio inicial del acceso a los conciertos en el Maxim *Rock* sino que, además, empezaron a pasar cultores de otros géneros, incluyendo DJs de música electrónica y competencias varias, sin relación con el *rock*. Las bandas ya no siempre consiguen convocar al vasto público de antes. ¿Desidia de los músicos? ¿Incapacidad para hallar salidas? ¿Factores económicos? ¿El final de un ciclo cultural?

Eddy Marcos Roque, de los pinareños *Switch*, ofrece su valoración:

"La escena metalera de la isla ha evolucionado muy bien, me refiero a las bandas. Es innegable el desarrollo positivo que muchos músicos han tenido quizás porque hoy existen más condiciones que antes para todo, aunque, en los últimos tiempos la fuerza con la que iluminaba ese faro ha declinado un poco. Ya a los conciertos van menos seguidores, muchas bandas pecan del síndrome del neutralismo, o sea, no se hace nada para mejorar esta situación. Creo que existe un conglomerado de factores que están llevando a un declive en la constancia del movimiento y eso sería fatal, pues si antes éramos pocos y se hacían villas y castillas para lograr un concierto, ahora que somos unos pocos más se supone que debería ser algo positivo, y no es lo obvio". (11)

Fabiel Pérez (*Septum*) plantea su criterio:

"Una banda de *rock* de cualquier género, más que una agrupación musical es una maquinaria que entremezcla música, promoción e imagen, y por mucho los tres factores han sido muy descuidados en la generalidad musical del metal cubano, antes de andar lamentándose muchos deberían trabajar por alcanzar aunque sea un poco de verdad en esos tres factores y luego ver si tienen derecho o no a lamentarse por no ser tan conocidos o seguidos como deberían o como quisieran (sin dejar de tener en cuenta aquellos factores que impiden que muchas cosas estén a la mano). En lo personal creo que *underground* es una palabra que muchas veces es usada para justificar la incapacidad de visión que algunos tienen, y buscar fantasmas a quienes echarle la culpa de su propia incapacidad". (12)

Desde una percepción global es evidente que se ha ganado en relación con los 60 y 70, pero a la vez existe la inquietante sensación –compartida por muchos– de que no se avanza. Al tiempo que se accede a los medios de difusión y las casas disqueras, la producción de música no consigue escapar de los clichés. Mientras cátedras académicas comienzan estudios desde diversos ángulos acerca del *rock* en Cuba, una buena parte de sus cultores insiste en desligarse de toda categorización, o demuestra una crónica orfandad conceptual.

Sin embargo, no se puede negar que el *rock* muestra una impresionante resistencia para sortear embates. Pese a la confusión con la cual inició el siglo XXI muchos son los que mantienen esperanzas en un futuro promisorio para el género. Lo cierto es que, tras más de cinco décadas, nada ni nadie ha logrado extirpar el rugir de las guitarras eléctricas que en la tierra del son y la rumba siguen «sembrando razón, sangrando sudor».

**Citas**
1– Sánchez Salazar, Alexander y Michel: "Barrio Adentro", *Scriptorium* 15, marzo 2008, Habana, p. 17.
2– Hoyos, Jorge Luis: "¡Por fin… al fin, koño!", *El Punto Ge* 1, abril 2003, Habana, p. 13.
3– Castellanos, Ernesto Juan: *Lennon en La Habana*, Unión, Cuba, 2005, p. 254.
4– Sánchez Salazar, Alexander y Michel: "Maxim *Rock*", *Scriptorium* 17, enero 2009, Habana, p. 13.
5– Rodríguez, Esteban: *Los caminos del rock*, Azulpluma, Argentina, 2009, p. 315.
6– Sánchez, Alexander: "XIII Edición del festival de *Rock* Ciudad Metal 2010", *Scriptorium* 21, febrero 2011, Habana, p. 33.
7– Torrente, Juan Carlos Torrente: "El movimiento de *rock* en Cuba… ¿existe?", *El Punto Ge* 9, septiembre 2008, Habana, p. 10.
8– http://trastiendamusical.es.tl/Los-Piratas-banda-sin-director.htm
9– Sánchez Salazar, Alexander y Michel: "Anima Mundi", *Scriptorium* 21, febrero 2011, p. 30.
10– Fernández Salabarría, Juan Raúl: "Prótesys", *Scriptorium* 17, enero 2009, Habana, p. 5.
11– Vega, Omar: "Switch: uno siempre busca lograr un sonido único e identificador", *Subtle Death* 32, junio 2012, Holguín, p. 4.
12– Almaguer, Yanelis: "Septum", *Underground Society* 1, abril 2012, Santa Clara.

## Trova con distorsión

Uno de los capítulos más controvertidos de toda esta historia es la relación entre la Nueva Trova y el *rock*: terreno proclive a estrategias y dicotomías varias, fusiones, encuentros y desencuentros. Sin embargo, estos dos movimientos musicales, cada uno con sus especificidades, han coexistido desde los sesenta, si bien sus respectivos cultores se han encargado de negar sistemáticamente cualquier posible vínculo. Lo cierto es que sin ser un axioma, en obras y momentos bien concretos, la hibridación Nueva Trova-*rock* constituye un indudable enriquecimiento mutuo.

Por otro lado, cuando se habla de «nueva trova» conviene hacer la distinción entre la propuesta estética iniciada a mediados de los 60 y que se extiende hasta la actualidad con sucesivas generaciones, y su cara "oficial", el Movimiento de la Nueva Trova que funcionó entre 1972 y 1986.

Por los años en que se gestó esta propuesta artística, el *rock* era un código sonoro que ya rebasaba encasillamientos geográficos y generacionales. Antes de abrazarlo, Bob Dylan había descollado como el prototipo del «cantor protesta norteamericana», tendencia de la cual algunos trovadores cubanos se mantuvieron muy cerca. Silvio Rodríguez declaró: "Por 1969 tuve un momento de relativa identificación musical con Dylan, aunque la mayoría de mis canciones de este periodo no se conocen". (1)

Pero no solo era Dylan. Estaba una oleada de cantautores e intérpretes anglosajones, donde sobresalían Joan Baez, Donovan, Phil Ochs, Odetta, Tom Paxton, el trío Peter, Paul & Mary y el legado folk de Pete Seeger y Woody Guthrie tamizado desde la perspectiva contracultural de los sesenta. La presencia en Cuba de la cantante Barbara Dane tendió un puente entre esa canción y la que se estaba facturando en la isla. Vale recordar, además, que el *folk-rock* de *The Byrds* (con su versión de *"Mr. Tambourine man"* en junio de 1965) y grupos similares fue contemporáneo con la primera promoción nacional de nuevos trovadores.

A esos referentes hay que sumar la nueva canción hispana (marcada a su vez por la francesa) con Paco Ibáñez, Joan Manuel Serrat, Luis Eduardo Aute, Víctor Manuel, Luis Llach, Raimon y María del Mar Bonet, junto al renovador movimiento brasileño con Caetano Veloso, Chico Buarque y Gilberto Gil a la cabeza. Por su parte, el cancionero latinoamericano sostenido por Victor Jara, Atahualpa Yupanqui, Violeta Parra y Daniel Viglietti representó una influencia, aupado por el Centro de la Canción Protesta, de Casa de las Américas, creado en 1967.

## Comienzo el día

Muchas de las conexiones entre el *rock* (o sus variantes) y la Nueva Trova se manifestaron en la actitud de algunos creadores cubanos, con su carga de irreverencia formal y reflexiva, una poética incisiva y un discurso sonoro construido desde la guitarra acústica. Con dichos elementos, aquella generación de trovadores se encontró en una situación compleja ya que por un lado contó con la aceptación de un

público ávido de escuchar canciones «diferentes», y por otro lado generó la animadversión de ciertos funcionarios con un pensamiento más policiaco que cultural. Sobre esa etapa, Silvio recuerda:
"Por los años que comenzamos, parte de la juventud rechazaba lo tradicional, incluso lo cubano. Hablo de un fenómeno urbano y de ciertas capas en 1967. No se conocían jóvenes haciendo música para la juventud. Para aquellos muchachos la Nueva Trova significó un reencuentro con su realidad y con su tradición. Esto es simpático, porque siempre hubo quien nos acusó de extranjerizantes. Era cierto que Los *Beatles* estaban en nuestra información, pero ¿cómo no iban a estar si eran el fenómeno musical más destacado de la época". (2)
El núcleo inicial de la Nueva Trova incluyó a Pablo Milanés (1942), Silvio Rodríguez y Noel Nicola (ambos nacidos en 1946). Aunque ya cada uno de ellos venía trabajando por separado, el momento en que se dan a conocer fuera del círculo de sus seguidores más cercanos, ocurre en un recital en Casa de las Américas el 18 de febrero de 1968. En aquel momento ninguno de los tres era ajeno al *rock*. Noel había integrado brevemente el combo Los Kendy, cuyo repertorio incluyó temas de *The Beatles*. Por su parte, Pablo venía del filin, había cantado temas de Johnny Mathis, y pasó por las filas del cuarteto vocal Los Bucaneros, que grabó su canción-*rock* "*Estás lejos*" en 1963. En cuanto a Silvio, además de reconocer su afición por Presley, *The Beatles* y Dylan, contaba con "*El rock de los fantasmas*" (1962) entre sus primeras composiciones.
Sin embargo, el *rock*, en su sentido más convencional desde el punto de vista sonoro, se suele ligar a la intensidad de las guitarras eléctricas y la tecnología. Ya en 1965 Dylan se hizo respaldar en conciertos y grabaciones por instrumentistas de *rock*, pasando por

encima de los abucheos de los puristas del *folk*. Más que una jugada de comercialización, o una supuesta traición a las tradiciones, significó una revolución sociocultural y musical de mayor alcance. Con él la madurez literaria alcanzó al *rock*, y este dejó atrás sus balbuceos iniciales.

En Latinoamérica, aunque siempre hubo una facción más centrada en el rescate del folclor y que desde una postura de rígido izquierdismo miró al *rock* como «imperialismo cultural», existieron creadores desprejuiciados que lo asumieron como una opción expresiva. Sin ir muy lejos, está el ejemplo de Víctor Jara, uno de los artífices esenciales de la canción comprometida chilena, quien grabó en 1971 junto al grupo roquero Los *Blops*, una versión de su conocida canción "*El derecho de vivir en paz*".

En Cuba las cosas transcurrieron a otra velocidad. Aunque hubo esporádicos intentos de acercamiento, trova y *rock* marcharon cada uno a su aire durante un tiempo. La alta ideologización atribuida a la trova –que llegó a ser considerada como «música de fondo para efemérides luctuosas»– chocaba con las críticas que recibía el *rock*, también desde una posición ideológica. Asimismo éste se aferraba a la imitación del cancionero extranjero, con lo cual el distanciamiento era mayor. Pese a simpatías individuales y rara vez explícitas, las dos vertientes no lograron un punto de equilibrio hasta mucho más tarde.

Un primer giro en la situación llegó en 1969, con el Grupo de Experimentación Sonora del ICAIC. Concebido como taller de creación colectiva dirigido por el compositor y guitarrista concertante Leo Brouwer (1939), reunió a músicos de diversas procedencias, quienes reconocen el profundo aprendizaje que significó acceder y estudiar una amplitud de géneros. El ya citado Leonardo Acosta recuerda:

"Se elaboró un sistema de estudios que comprendía audiciones y análisis de todo tipo de música, de Bach a John Coltrane, de Xenakis o Webern a Los *Beatles*, de Gilberto Gil a *Mothers of Invention*". (3)

Sin ser una banda propiamente de *rock* lo incluyó en algunas de sus composiciones, en una suerte de "electrificación" de la trova. En su discografía aparecen ejemplos como la guajira-*beat* "*Comienzo el día*" (de Noel), "*Éramos*" (texto martiano músicalizado por Milanés), "*La oveja negra*" (Silvio) y el instrumental "*Grifo*" (de Pablo Menéndez), entre otros, sin obviar "*Cuba va*", concebida entre Noel, Pablo y Silvio para el documental homónimo del cineasta inglés Felix Green. No es casual que esta última pieza mencionada haya tenido posteriores versiones, llevada al *rock* más directo.

Pese a su calidad, la obra del Grupo tuvo una recepción dividida. Una parte del público lo siguió, mientras sufría los ataques de otro sector, incluyendo a los músicos chilenos de Quilapayún quienes, a su paso por la isla, criticaron abiertamente su propuesta. Su labor era una rareza. En el ámbito de la trova, sobre todo en la primera mitad de los 70, predominaban las referencias latinoamericanistas con la utilización de quenas, charangos, bombos legüeros y zampoñas, mientras los instrumentos electrónicos eran asociados al "enemigo". Tamaño disparate conceptual hizo estragos en las filas de quienes interpretaban *rock* – como ya se ha visto– y demoró en su momento el posible impacto del GES.

Tras la desintegración en 1978, cada miembro tomó su rumbo. Algunos echaron mano de modo ocasional al *rock*, aunque Pablo Menéndez, al frente de su agrupación Mezcla, fue quien insistió en la línea de fusión entre el *rock*, el *blues*, el *jazz* y los géneros cubanos.

Observando otro marco, el grupo acompañante del cantautor Amaury Pérez Vidal, con el tecladista y arreglista Ricardo Eddy Martínez "Edito", ex miembro de Almas Vertiginosas, consiguió el clásico estilo *rock* en piezas como "*No lo van a impedir*" y "*Hacerte venir*" en 1979. Esta sonoridad reapareció en 1982 a raíz de su vínculo con Síntesis, en el tema "*Para cuando me vaya*" del disco *Abecedario*.

Los Jaguares (con Lázaro García)

Hubo trovadores que en ciertas etapas integraron bandas de *rock*. Mike Porcel y Pedro Luis Ferrer pasaron por Los Dada, Lázaro García fue parte de Los Jaguares, y Heriberto Reinoso de los camagüeyanos Girón; Ramiro Gutiérrez cantó con Los Láser, Los Atómicos y Los Fantomas, Mario Crespo fue parte de Los Dados Negros, y Manolo Sabín trabajó con Los Átomos, 6L6 y Sesiones Ocultas. Alejandro García "Virulo" rememoró sobre sus inicios:

"Primero fue el *beat*. Con 15 años, alumno de la (secundaria) Guido Fuentes, entré en un combo a tocar la guitarra prima". (4)

Sin embargo, hay un detalle imprescindible para entender la incidencia de la Nueva Trova en un segmento de los jóvenes aficionados al *rock*. Desde los 60 los combos se dedicaron, básicamente, a reproducir el cancionero anglosajón (y en menor medida el hispanoparlante) con pocas incursiones en la creación. Tal carencia de personalidad fue una de las armas principales esgrimidas en su contra. Las acusaciones de «mimetismo» y «extranjerizantes» eran las más frecuentes (de esta última tampoco escapó el GES) generando un conflicto que duró más de un cuarto de siglo.

En esa época la mayoría de las agrupaciones cantaba en inglés, y cuando se animaban a escribir algo en español parecían muchas veces solo interesadas en rimar "amar", "cantar" y "soñar", que en proponer algo un poco más sustancial. Mientras, la madurez del *rock* internacional se mostraba en la búsqueda y consolidación instrumental, pero también en el desarrollo de una poética nueva con Dylan, Paul Simon, Peter Hammill, John Lennon, Jim Morrison, Joni Mitchell y Peter Sinfield, así como Luis Alberto Spinetta, Litto Nebbia, Jaime López, Raúl Porchetto, Pau Riba, Javier Martínez, Eduardo Mateo, Charly García, Eduardo Parra, Memo Briseño y Moris, entre muchos más.

En este sentido, la Nueva Trova ocupó parcialmente el sitio que le correspondía al rock como transmisor de una lírica de identificación, indispensable para la conformación del nuevo lenguaje. En todo caso se puede constatar que hubo una serie de grupos usando esporádicas composiciones de la trova en sus repertorios; práctica que aún subsiste con diversos resultados.

### *Los topos se reúnen*

A partir de 1980 un puñado de jóvenes trovadores saltó a la luz pública con canciones que marcaron pautas. Donato Poveda ("*Buscando ciudades donde amar*"), Alberto Tosca ("*Paria*") y Santiago Feliú ("*Para Bárbara*") fueron la punta de un iceberg que en poco tiempo se conoció como "segunda promoción de la Nueva Trova", "Novísima Trova" o la "generación de los topos".

Iván Latour y Santiago Feliú

Entre los elementos que caracterizaron a varios de ellos, estuvo la desprejuiciada manera de acercarse al *rock*, a través de ciertos modos de guitarrear y proyectar la voz. Junto a las enseñanzas de los fundadores del MNT incorporaron las influencias anglosajonas de Cat Stevens, Peter Gabriel y el cuarteto Crosby, Stills, Nash & Young, así como de los brasileños Chico Buarque, Milton Nascimento y Djaván, los argentinos León Gieco, Spinetta, Fito Páez y Charly, y los españoles Serrat y Joaquín Sabina.

Los primeros que destacaron fueron Donato, Santiago, Tosca y Alberto Cabrales, a quienes se sumaron Frank Delgado, Gerardo Alfonso, Roberto Poveda, Carlos Varela y Adrián Morales. Casi todos tuvieron, con mayor o menor sistematicidad, alguna forma de aproximación o afinidad al rock. Siendo un tipo de música tan abarcador no sorprende hallarlo en las referencias, gustos individuales o niveles de información de distintos creadores. Otro tema sería la reelaboración o apropiación que cada cual haga del género dentro de su obra, y la proporción mayor o menor de esos ingredientes en sus trabajos respectivos.

Donato, si bien se expresó en contra de su encasillamiento como roquero, grabó con Monte de Espuma el disco *Encuentro cercano* (1987) donde los arreglos de Mario Daly apuntan al rock. Su proyección vocal y visual –durante un tiempo– mostró la identificación con ese género.

En las notas de *Vida* (1985), debut discográfico de Santiago, Noel Nicola destacó la inclusión de aires de rock en los temas y sus orquestaciones, lo cual se acentuó más adelante, cuando trabajó con Estado de Ánimo, donde la labor del guitarrista Elmer Ferrer fue clave. Es curioso ya que el cantautor ha dejado claro que en sus comienzos no era un seguidor del rock, sino que lo descubrió más tarde.

Tras definirse como "soy la trova del rock and roll" en la canción "*Sin tanta soledad*", expresó acerca de su contacto con el género:

"Lo que más me impresionó fue el rock sinfónico y cantautores como Dylan, Cat Stevens, Simon. Mucho después empecé a entender a Jimi Hendrix, y todavía recuerdo mi época de adolescente, cuando me preguntaba a quién le podía gustar eso. Mi viaje a Argentina, en 1985, fue definitivo para que se empezara a meter una actitud rockera en mi música. Allí descubro que hay un rock en castellano y que, además, es excelente. A la cabeza, Charly y Fito, que tienen que ver conmigo porque mantienen una esencia de trova en sus temas". (5)

Gerardo Alfonso recuerda que el rock fue parte de la

información musical que le llegó en su juventud:
"Por el año 75 me presentaba en actividades de la FEEM, para cantar canciones de la trova. En mi vida privada cantaba cosas de *Led Zeppelin, Deep Purple*, y en el piano tocaba cosas de Elton John que me gustaban mucho". (6)

A partir de los 90 su música mezcló el rock con ingredientes tradicionales cubanos (guaguancó, son, bolero), caribeños (calipso, *reggae*) y norteamericanos (*funk, hip hop, blues*). También funcionó como aglutinador de una escena alternativa conduciendo una popular peña semanal en el Café Cantante del Teatro Nacional, donde coincidieron trovadores, jazzistas, raperos y bandas de rock. En cuanto a influencias comentó:

"Siempre me ha interesado, desde hace muchos años, desde que lo conozco, Prince, Seal; últimamente estoy oyendo bastante a Charly García, que es alguien que yo descubrí muy tarde, yo había oído a Fito Páez y me parecía que era lo máximo del rock argentino hasta que descubrí a Charly García, que me dio la lección. Los *Beatles* es algo de lo que no me puedo desprender porque son para mí las canciones perfectas". (7)

La poesía de Carlos Varela, de acentuado carácter citadino, facilitó su conversión desde los comienzos signados por el intimismo de lo acústico, a un sonido entre el rock guitarrero y el pop-rock melódico. Por otra parte, fue de los primeros en alejarse de la proyección individual para reforzar la labor con un grupo de apoyo.

Para varios de estos creadores, además de las sonoridades específicas, el rock también estuvo presente desde otros ángulos: la recurrencia a su simbología, las citas y apropiaciones (fragmentos de textos de canciones, pasajes musicales antológicos) y como temática compositiva. Frank Delgado, quizás más asociado a su orientación sonera, alude al rock en "*Maletas de madera*", "*Los Almas contra Tropas Especiales*" y otras piezas. En los últimos tiempos ha establecido eventuales relaciones de trabajo con Los *Kents* y Red X, acentuando la antes citada vena rock. Igualmente, Polito Ibáñez tuvo (y tiene) nexos con el rock a través de sus piezas, arreglos y el soporte de una banda acompañante.

En esta promoción de trovadores que conectó con el rock, sobresalió Adrián Morales, que en los 80 despuntó con canciones sulfúricas ("*Descubriéndote*", "*Autohistoria*", "*Juventud derrotada*") y un manejo de la guitarra electroacústica con distorsionadores que lo alejó del ortodoxo lenguaje trovero. Colaboró con instrumentistas como Dagoberto Pedraja y Pucho López, y pasó brevemente por Teatro del Sonido. Sin embargo, al radicarse en España en 1991, el seguimiento a su obra disminuyó, dejando un vacío importante.

Estos nombres resumen una línea que aproximó trova y rock, amén de ser quienes más dolores de cabeza causaron a funcionarios recelosos no solo por el sentido hipercrítico de sus canciones, sino también por "dejarse influir por la música del enemigo". En 1988, Silvio Rodríguez se refirió a esto al responder:

"Hay una cosa que no sé si actúa negativamente, pero algunos de ellos, quizá los más destacados, se han identificado mucho con el rock, y hay muchos problemas con el rock". (8)

Sin embargo, al margen de censuras, los "novísimos topos" mostraron que Nueva Trova y rock no eran lenguajes opuestos, sino susceptibles de integrarse. Por otro lado, el trovador como juglar individual con su inseparable guitarra tendió a desaparecer. Aunque pudiera parecer una paradoja, algo tan difícil en Cuba como formar un grupo se convirtió en la obsesión de muchos cantautores.

## *La insoportable levedad de ser trovador*

Parecía estar en el aire: los trovadores uniendo fuerzas con instrumentistas para dinamizar sus propuestas. No siempre el vocabulario sonoro tenía que ver con el *rock* lineal: primaba su fusión con otros elementos. Pero el afán de colectivización puso una tónica nueva, y al arribar los años 90, una buena cifra de trovadores puso sobre el tapete sus influencias roqueras, con un rasgo nuevo: la renuncia al protagonismo nominal. Hasta esa fecha, exceptuando al Grupo de Experimentación Sonora del ICAIC, los trovadores por lo general se mantenían como solistas, aunque se acompañaran de agrupaciones instrumentales. En los 90 la concepción varió y los nombres individuales dieron paso a denominaciones colectivas.

Hubo quienes en algún momento se incorporaron a colectivos ya existentes como Manuel Camejo con Arte Vivo. Pero entre finales de los 80 y principios de los 90 la tendencia cobró bríos, inicialmente a través del *rock* acústico. Este estilo, relacionado con su homónimo argentino (*Sui Generis*, Pedro y Pablo, León Gieco, Pastoral) y con émulos tan diversos como los ingleses *Tyrannosaurus Rex, Incredible String Band* y Nick Drake, Jaime Guevara en Ecuador, y el *rock* rupestre mexicano de Jaime López, Rockdrigo González y Gerardo Enciso, hizo hincapié en una elaboración textual atenta a la poesía urbana y el coloquialismo, reminiscencias de sonoridades tradicionales y un distanciamiento de la electrónica instrumental. Pero si descontamos a los argentinos citados –y no todos– en Cuba el conocimiento sobre ese segmento del *rock* fue tardío y fragmentario. De tal manera la creación de un estilo similar fue un paso dado más por carencia de recursos que por filosofía conceptual.

Algunas de estas referencias, asimiladas desde una perspectiva nacional, son audibles en las propuestas de los dúos Arcángel, *Hobby* y Superávit. Toda vez que Arcángel (con Fernando Rodríguez, autor de *"Ese hombre está loco"* que popularizó Monte de Espuma) funcionó por muy poco tiempo, vale detenerse en los otros dos proyectos.

*Hobby* (Pepe del Valle y Carlos Santos) tuvo vida efímera y tras la grabación del disco *Renversé* en 1994, que nunca se publicó, detuvo sus actividades. Canciones como *"Tiernamente un hit"* y *"Lloré mucho ayer"* incluyeron ese sesgo *rock*, con la utilización de la guitarra eléctrica. Más tarde Pepe formó parte del colectivo Habana Abierta,  con sede en España, y Carlos se unió a Superávit.

En cuanto a Superávit, con la formación fundacional de Raúl Ciro y Alejandro Frómeta, su estilo inicial de canción acústica evolucionó hacia tratamientos orquestales más ambiciosos, hasta convertirse en un grupo. Con varios demos –uno de los cuales incluyó una versión a *"Quicksand"* de David Bowie, traducida como *"Arenas movedizas"* y con un texto libre en español– el canto de cisne fue el álbum *Verde melón* (1997) grabado ya con Carlitos Santos en sus filas y una formación redondeada a octeto. Aires retro, cuerdas y percusiones definieron la casi totalidad del fonograma. Según el crítico Joaquín Borges:
"Este material evidencia un acercamiento a los parámetros que rigen el *rock* acústico. El empleo de guitarras con cuerdas de acero y el uso de la

harmónica –ejecutada por Raúl Ciro– por momentos tiene un aliento de música *folk* en un contexto de sonoridad *country*. De igual modo la forma de manejar las voces le hace a uno evocar las influencias del *rock* argentino y en especial de *Sui Generis*". (9)

Esta línea acústica se bifurcó entre quienes partían de la trova y los que tenían al *rock* como base principal. En la primera encajaron, por ejemplo, los trabajos de Hernán Carlos y Miguel Ulises. En la segunda, los momentos iniciales de Extraño Corazón, Van Gogh, Señales de Humo, Iceberg y propuestas en solitario de Iván Leyva y Roberto Perdomo, entre otros. A medio camino: los trabajos de Raúl Ciro como solista y con el proyecto Queso (junto a Abel Omar Pérez), y *Strip Tease*, banda encabezada por Michel Peraza, quien previamente integró el grupo Nocturno.

Michel Peraza

Borges Triana apuntó sobre la obra de este creador: "En su caso, hay que referirse también al peculiar estilo de guitarreo, con *riffs* típicos del lenguaje roquero. Él es uno de los pocos cantautores que entre nosotros no está influenciado en lo fundamental por sus colegas de profesión, sino que le debe mucho a la obra de instrumentistas como los notables guitarristas Míster Acorde y Víctor Navarrete". (10)

Otra de las variantes que unió *rock* y trova fue la de bandas nucleadas alrededor de un cantautor, y que emplearon una denominación grupal: Lucha Almada (Vanito y Alejandro Gutiérrez), Bolsa Negra (Luis de la Cruz), Debajo (Boris Larramendi), Cuatro Gatos

(Kelvis Ochoa) y Goma Loca (José Luis Medina) son ejemplos, la mayoría salidos de la peña de 13 y 8. Casi todos experimentaron acercamientos al *rock* (eran los años del *grunge*) y Kelvis lo comenta así:
"Empezaron a surgir grupos como Cuatro Gatos, Debajo, que era el de Boris, grupos de *rock and roll*. Era lo que hacíamos, pero mezclado. Los textos no tenían nada que ver con los de los grupos de *rock* de ese momento: Zeus, Cosa Nostra. Nosotros no hacíamos ese tipo de música, pero nuestra actitud sí era de rockeros". (11)
Resulta curioso, además, que en esta generación el término "trovador" empezó a ser cuestionado: muchos prefirieron definirse como "trovero" o "cantautor". Además de las lógicas diferencias que tenían respecto a sus predecesores, la intención básica era desligarse de la etiqueta "oficial" que arrastraba la "trova".
Pero al hablar de agrupaciones con un trovador como centro, hay que mencionar especialmente a Havana, dirigida por Iván Latour. Su trayectoria entre 1992 y 1998 la llevó a convertirse en uno de los colectivos punteros de la escena nacional, y obtener un premio Cubadisco en la categoría *rock*. Sus letras tomaban giros metafóricos propios de la trova, sostenidos por la sonoridad *grunge*, una contundente sección rítmica y toques melódicos. De tal combinación emergieron piezas (*"Cristo, nueva fe"*, *"Lágrima de sol"*, *"Puertas que se abrirán"*) que conquistaron una audiencia conformada por diletantes de la trova y entusiastas del *rock* alternativo. Como apuntó el profesor Rubén de la Nuez:
"Esta manera de hacer, a medio andar entre el *rock* y la trova que caracteriza a tantos grupos del patio (léase del patio y no de otra parte de nuestra casa) es la reserva poética de la música cubana, frente a la barbarie lingüística de lo mal llamado popular. Es

solo en este sentido que pudiéramos hablar, en relación con los textos, de una lírica alternativa". (12) No obstante conviene aclarar que no siempre esta dirección de aunar trova y *rock* logró resultados convincentes, ni generó continuidades visibles. Fue (apenas) una dirección entre muchas. Más allá del derecho a existir –cuestionado por los más radicales seguidores de ambos bandos– sí alcanzó amplia repercusión mediática. Sin embargo, cuando se observa el panorama nacional se aprecia que, por ejemplo, esta fusión rara vez ha encontrado espacio en los festivales de *rock,* o logrado moverse fuera de circuitos muy específicos.

### *Próximo zarpazo*

Otros trovadores que han pasado por bandas de *rock* son Juan Carlos Pérez (Los Pléyades), Heidi Igualada (Tiempo Cero), Michel Portela (*Grace Touch*), Rubén Moro (Nexo), Clodoaldo Parada (Los *Selish*), José Rafael "Puppy" Martínez (Los *Lassers*), Eduardo Quincoso (Insignia), Raúl Prieto (*Kontack*), Humberto Suárez (Extra), Alain Garrido (*Krematorium*), Yordano Corrales (Tierra Quemada), Rubén Lester (La Guerrilla), Yordi Toledo (Ley de Jákaro), Karel Fleites (Eskoria, *Blinder*) y Gilberto Hurtado (tuvo su grupo en 1967 en el preuniversitario de Santa Clara). Se trata de músicos que comenzaron ligados al *rock* y luego se volcaron a la trova. Un ejemplo atípico es el de Reynier Aldana, que de manera paralela llevó su proyección individual como cantautor y su membrecía en el grupo Mate.

También hay instrumentistas de *rock* que pasaron a integrar agrupaciones del MNT, sobre todo en los años 80, como Nuestra América, Yawar, Moncada, Mayohuacán, Turiguanó, Manguaré, Canto Libre y Yaguarimú. Dado el apoyo institucional que estas tenían, era tentador dar dicho paso. Aquí el cambio tuvo muchas veces un trasfondo económico, y lo mismo se puede decir de los músicos de *rock* que terminaron unidos a piquetes de *jazz*, orquestas sinfónicas o bailables, y conjuntos de música tradicional. Desde otro ángulo, IT, Andamio, Los Andes y Testigos Mudos reconocieron influencias trovadorescas dentro de sus inclinaciones roqueras.

Con algún tipo de conexión al *rock* están también Charly Salgado, Manolito Bas, Diego Cano y –quizás en cierta medida– Inti Santana y Jorge Herrera Kindelán ("El Kinde"), entre otros. Incluso, figuras asociadas a la trova más estricta como Vicente Feliú y Alberto Faya interpretan a veces piezas de *The Beatles* en reconocimiento a un género que si no figura de modo evidente en sus respectivas influencias personales, al menos forma parte de un entorno generacional y cultural al cual no son ajenos. Por su parte, la cantautora Yusa, hablando sobre el eclecticismo de su música, señaló:

"Admito que tengo mucho de *jazz* y de *rock*, entendido el *rock* más como una actitud que como un sonido". (13)

En cuanto a las colaboraciones ocasionales hay que citar la presencia de Silvio Rodríguez en discos de Síntesis (*El hombre extraño*) y Dago (*Nieve en La Habana*); el respaldo instrumental proporcionado por la Elmer Ferrer *Band* para álbumes de Frank Delgado (*Mi mapa*) y Diego Gutiérrez (*De cero*), así como la unión eventual de Aldrovandi Rodríguez con Rhodas y Monserrat, y el dúo Lien y Rey con *Rice and Beans*.

Otra vertiente se dio desde los 60, con algunos combos haciendo versiones de canciones de la nueva trova. Fuera por la necesidad de acceder a otro público, afinidades estéticas, contentar funcionarios o simplemente para testear reacciones antes de decidirse a interpretar material propio, hubo quienes se acercaron a este material. Algo totalmente natural en otros medios (*Guns 'N Roses* y Jimi Hendrix, por ejemplo, interpretando canciones de Bob Dylan) en Cuba tomó significados y motivaciones distintas.

Los Barba estuvo entre los primeros exponentes, adaptando temas de Pablo Milanés ("*El 405 de nunca*"), y Silvio ("*Viven muy felices*" y "*Al final de la segunda luna*"). Arte Vivo, Géminis, Los Belgas, Hemiun, Cange, Nubes y TPN también acudieron a este modelo. Los Gens, tras comenzar como banda de *covers*, contó con una treintena de canciones de Silvio, antes de escribir sus composiciones. Su director y baterista Carlos Rodríguez, opinaba: "La música de Silvio fue un segundo escalón y uno bien importante para dar el paso a la composición propia". (14)

Sin embargo, es imposible encontrar un festival de *rock* donde esté presente –como mínimo– el ala más roquera de la trova: son entes separados y como tal asumidos por la mayoría de los músicos y organizadores de eventos. Un espectáculo donde coincidan Polito Ibáñez y Zeus parece una idea descabellada, pese a que Hansel Arocha se desempeñe como guitarrista con ambos artistas, por ejemplo. El hecho que Richie Havens y *The Who* hayan figurado en la nómina del festival de Woodstock 1969 no es un precedente que se tome en cuenta aquí. Curiosamente, grupos como Síntesis y Mezcla han participado en eventos de *jazz*, sin tocar de manera directa esa música, pero no son invitados a los de *rock*. Frank Delgado y Gerardo Alfonso, como gestores de espacios para las músicas alternativas, han propiciado encuentros de bandas de *rock* y trovadores, algo que se desarrolla todavía con más naturalidad en El Mejunje (Santa Clara), pero siguen sin ser conceptos integrados coherentemente en los festivales de *rock*.

Finalmente quisiera señalar el tratamiento que tanto la trova como el *rock* han recibido en Cubadisco. En ocasiones se han mezclado en categorías como "trova-pop-*rock*" (2004, 2007 y 2009) y "trova-*rock*" (2008). Esto –aparte de poner en entredicho a quienes deciden las denominaciones en competencia– suscitó recias polémicas, sobre todo entre el sector "extremo" del *rock*, para el cual resulta un anatema cualquier nexo que pretenda asociarlo a la trova.

Mientras ésta tiene una tradición sostenida por continuas generaciones, el *rock* cuenta asimismo con más de cincuenta años de presencia en Cuba. Comparten puntos comunes y presentan diferencias elementales. Ambos han repercutido de diversas maneras en el resto de la música que se hace en el país. De ahí que siendo dos fenómenos artísticos de relevancia, no debieran ignorarse mutuamente. Son mundos estéticos que pueden imbricarse o no, dependiendo del interés de cada creador, pero no son excluyentes como han pretendido hacer ver algunos, ni tampoco su simbiosis es el recurso ideal, como apuntan otros. El tiempo ha mostrado que hay fusiones fructíferas y otras que son un fiasco. Lo principal sería garantizar la existencia de ambas corrientes desde un principio ineludible: la libertad para crear.

**Citas:**
1– Víctor Casaus y Luis Rogelio Nogueras: *Op. cit.*, p. 215.
2– *Ibídem*, p. 215.
3– Sarusky, Jaime: *Grupo de Experimentación Sonora del ICAIC: Mito y realidad.* Letras Cubanas, Habana, 2005, p. 56-57.
4– Clara Díaz: *Sobre la guitarra, la voz.* Letras Cubanas, Habana, 1994, p. 243.
5– Hernández Lorenzo, Mayté, y Lenay A. Blasón:

"Santiago Feliú: un adicto al bajo cero", en *Sonar en cubano*, Editorial Oriente, Santiago de Cuba, 2012, p. 179.

6– Santos Cabrera, Kaloian: "Gerardo Alfonso: remembranzas de un cuarto de siglo", en *Sonar en cubano*, Editorial Oriente, Santiago de Cuba, 2012, p. 194.

7– Colectivo de Autores: *Mamá, yo quiero saber.* Letras Cubanas, Habana, 1999, p. 232.

8– Enrique Núñez: "El que da primero...", *Opina*, Habana, noviembre 1988, p. 5.

9– Joaquín Borges Triana: *La luz, bróder, la luz.* Ediciones La Memoria, Centro Cultural Pablo de la Torriente Brau, Habana, 2009, p. 157.

10– *Ibídem*, p. 103.

11– Bernal, Dayara, María Claudia Figueroa y Liliana González: "Kelvis Ochoa: lo más grande de la vida", en *Sonar en cubano*, Editorial Oriente, Santiago de Cuba, 2012, p. 285.

12– De la Nuez, Rubén: "La heterodoxia del sonido: El caso Havana y otras cromas". *Revolución y Cultura*, 3/97, Habana, p. 51.

13– http://www.losandes.com.ar/2012/4/13/yusa-hago-musica-para-decir-gracias-635792.asp

14– Sánchez Salazar, Michel: "Gens contra el tiempo", *Scriptorium* 15, marzo 2008, Habana, p. 34.

## Tres de un perfecto par

Si la existencia del *rock* en el país es un terreno espinoso, probablemente pocos tópicos se presten más para el debate que el de su difusión. La promoción del género, tanto foráneo como nacional, ha atravesado diferentes etapas, desde la ausencia crónica, la censura abierta o solapada y los ataques de todo tipo, hasta la difusión fragmentada o esperanzadora. Aquí no se va a establecer una exhaustiva cronología del tema, sino solo mostrar algunos de sus aspectos.
Hablar del *rock* en Cuba es, inevitablemente, abordar el tema de su censura en los medios de difusión. Las diversas prohibiciones que pesaron sobre el mismo se inscriben en una larga tradición ejercida por las autoridades de turno (políticas, religiosas o culturales) desde inicios del siglo XX. La historiografía musical permite comprobar que el son, la rumba y el *jazz*, entre otros, fueron vetados por temporadas, mucho antes de que los nuevos inquisidores apuntaran hacia el *rock*. Los argumentos se centraban por lo general en un supuesto divorcio respecto a lo que cada censor consideraba signos de «lo cubano». No se tomaba en cuenta que estos signos debían cambiar con el tiempo, so pena de caer en un inmovilismo. El contrapunteo se sorteó con estrategias diferentes, transformándose

con el paso del tiempo, en la medida que cada una de esas corrientes era asimilada al tronco musical de la nación.

Después de la Revolución de 1959 y el proceso de la nacionalización de las empresas privadas en 1961 –incluyendo, por supuesto, los sellos disqueros y los canales de radio y televisión– otro tipo de prohibición hizo estragos:

"Para nadie es un secreto que desde los años 60 cualquier artista que abandonara el país era automáticamente suprimido de los medios". (1)

Este veto afectó a la música cubana en general, no solo a los cultores de *rock*. Orlando Vallejo, Celia Cruz, Blanca Rosa Gil, Bebo Valdés, Rolando Laserie, Orlando Contreras, Olga Guillot, Paquito D´Rivera y un importante número de músicos fueron desterrados de los medios de difusión. Tampoco se limitó a quienes habían salido de Cuba. Los que permanecían estuvieron sujetos a las pifias de quienes decidían qué tipo de música se escuchaba, lo que condujo a que, por ejemplo, Pedro Luis Ferrer y Frank Delgado fueran boicoteados. A mediados de 2012 se habló de la eliminación de esas fantasmales "listas negras", cuando ya el daño estaba hecho.

Sobre el *rock*, si bien no hay unanimidad al respecto, cada vez son menos los que sostienen que no se ejerció la censura de distintas maneras. Mario Daly, Juan Formell, Silvio Rodríguez, Cristóbal Díaz Ayala, Leo Brouwer y decenas más se han referido a las prohibiciones principalmente entre 1964 y 1966. De hecho, el periodista Orlando Quiroga apuntó en febrero de 1964:

"No escuchamos los ritmos modernos del mundo mientras el mundo escucha los ritmos de Cuba. Cada vez la pregunta es mayor en cartas, ¿por qué no nos dan *jazz*, baladas, *twist* y bossa nova? ¿Por qué no hay programas de radio para la juventud?". (2)

Ciertas normativas se aplicaron en radio y televisión para dosificar o eliminar los sonidos asociados con "el enemigo", aunque tal nexo fuera intangible. Junto a una fallida política cultural, se quedó a merced de las decisiones individuales de cada funcionario. Con el tiempo la responsabilidad se ha diluido en un absurdo "nadie fue", cuando la realidad muestra que existió censura y no se hizo nada por detenerla.

Por su parte, la prensa escrita parecía lastrada también por las opiniones peyorativas acerca del *rock*. Tachado de producto de la industria capitalista del entretenimiento, arma en la guerra ideológica, y colonizador de las (supuestas) músicas autóctonas del (llamado) Tercer Mundo, se le presentaba además como algo creado por las corporaciones que regían el mercado, sin reconocer el punto esencial que señala el periodista Diego A. Manrique:

"La historia del *rock* demuestra una y otra vez que los movimientos de renovación ocurren de abajo hacia arriba: las nuevas tendencias no se crean en salones de juntas, sino en la calle, entre minorías inquietas. Posteriormente son asimilados y comercializados por los imperios discográficos. [...] Los *Beatles* no fueron un invento de la compañía discográfica EMI para exprimir a los acaudalados jóvenes de los 60, sino que se colaron en ella por la puerta trasera. Los subsiguientes esfuerzos para manufacturar unos *Beatles* de encargo han tenido un éxito limitado (*Monkees*) o se han estrellado sin remisión". (3)

Lo cierto es que por más de tres décadas la difusión del *rock* estuvo manejada por los dogmatismos. Aquí veremos algunos.

### *A veces nos pasan en la radio*

Hay coincidencia en reconocer al medio radiofónico como el ideal para la difusión del *rock*, por el papel jugado desde sus inicios, con el norteamericano Alan

Freed en el punto de partida. Él fue quien acuñó el nombre *rock and roll* para el nuevo ritmo que presentaba en su programa *The Moondog House*, en 1951 en WJW (Cleveland), antes de pasar en septiembre de 1954 a WINS, en Nueva York. Pese a su posterior descalabro, acusado de aceptar sobornos, Freed fue –en el ámbito promocional– quien colocó el género en el candelero, y sirvió de inspiración a los primeros promotores radiales en medio planeta.

En Cuba la difusión radial del *rock* también formó parte de su devenir. Si de un lado estaban algunos espacios en estaciones nacionales, un peso vital lo asumieron las norteamericanas captadas en casi todo el país. No se trataba de algo nuevo: desde mucho antes los melómanos sintonizaban estaciones estadounidenses, sobre todo de música clásica y *jazz*, para estar al día con grabaciones y estilos. Como señaló el investigador Oscar Luis López, al referirse al periodo inicial de la radio en Cuba, en la década de los 20 del siglo pasado:

"Durante estos primeros años, emisoras americanas, entre ellas la WLW, WEAF, WJZ, KDKA (primera emisora que salió al aire en la ciudad de Pittsburgh, Estados Unidos, el 2 de noviembre de 1920), WOC, WGY y otras muchas, entran en Cuba como si fueran plantas locales". (4)

En lo tocante a estaciones nacionales, en enero de 1957, la capitalina Radio Continental (ubicada en Prado 206, esquina a Colón) trasmitía una hora dominical vespertina dedicada al *rock and roll*, conducida por Jorge Luis Hernández. Radio Salas presentaba "Estudio 6-Club Juventud", gustado espacio por el cual desfilaron los más destacados rocanroleros de entonces.

Otras emisoras habaneras difundieron los éxitos del género que gozaban de amplio favor entre adolescentes y jóvenes: Radio Internacional Aeropuerto, Unión Radio, CMOX (*Cuban American Radio*) y CMBO (Radio Kramer); las dos últimas mantenían una programación en inglés que incluía no solo *rock and roll* sino también otros géneros de la música norteamericana. Radio Progreso llegó a incluir un exclusivo con Luis Aguilé al mediodía, y en su *Hit Parade* del 17 de marzo de 1957 presentó entre las diez canciones más solicitadas *"Rock around the clock"*, de Bill Haley (en el número 6) y *"Don't be cruel"* de Elvis Presley (en el número 8).

En Santa Clara, entre 1956 y 1959, Pedro Monteagudo instaló una emisora donde pasaba los discos que compraba en Estados Unidos; CMHW trasmitía "El *show* de Serpe", de Sergio Ruiz Perera, y también funcionaba CMHX (Radio Teatro Cloris) que, junto a Radio Tiempo (en Cienfuegos) programó *rock and roll* desde fechas tempranas. La guantanamera CMKS, con el locutor Chucho Herrera (luego famoso a nivel nacional con "Sorpresa Musical" y "Oiga") introdujo el *rock and roll* para una gran audiencia en esa región.

Fundamentalmente se transmitían los éxitos de Fats Domino, Buddy Holly, Little Richard, Jerry Lee Lewis, Paul Anka, y por supuesto, los ya citados Haley y Presley. Exponentes mexicanos como Los *Teen Tops*, Los Camisas Negras, Los Sonámbulos y Manolo Muñoz se codeaban con Luisito Bravo, Aguilé y otros. Conviene aclarar que, junto a la música cubana, la radio siempre tuvo presencia estable de ritmos foráneos como el tango o la ranchera. El *jazz* también contó con programas como "Club de la música" (Radio Capital Artalejo), "Estudio de *jazz*" (CMX), "El programa de *jazz*" (Mil Diez) y "El club del *swing*" (CMQ-Radio), mientras CMCU (Radio García Serra) y CMK tenían emisiones de música estadounidense desde los años 40.

Sin embargo, al despuntar la década siguiente todo varió. El 12 de enero de 1959 se produjo la intervención del Circuito Nacional Cubano y sus 12 estaciones principales, con cambios significativos en toda la programación. Poco a poco disminuyeron –hasta casi desaparecer– los espacios destinados a difundir la música que venía desde el vecino geográfico al norte, lo cual supuso una ruptura en los canales de información que tardó mucho tiempo en ser reparada.

El fuerte deseo de identificación nacional bajo un prisma nuevo (promovido por los ideales de la Revolución triunfante) condujo al *rock* hacia el ostracismo. Todo lo que fuera cantado en inglés empezó a ser asociado con "el enemigo". No importa que a partir de 1964 la brújula sonora apuntara hacia Gran Bretaña, con la llegada de *The Beatles* y otros conjuntos. El investigador Ernesto Juan Castellanos observaba:

"Desdichadamente, en ese momento el control de la difusión cultural en Cuba estaba en manos de un círculo de decisión muy rígido, con poca experiencia en la conducción de la cultura (y con no mucha cultura tampoco), que no fue capaz de discernir qué era en realidad bueno o no para los valores éticos de la juventud cubana, y cualquier manifestación foránea de la música popular que supuestamente pusiera en peligro los valores culturales, pasó a formar parte de una extensa lista negra. Los *Beatles*, el pelo largo, los pantalones apretados, las minifaldas y la «música escandalosa» se tornaron la desventura más infortunada de sus más fieles defensores". (5)

Mediando los años 60 hubo un intento por difundir algo de esos «ritmos modernos» y si bien se continuó marginando el *rock* anglosajón (ya no solo el norteamericano) se impulsó la promoción del interpretado en castellano proveniente, sobre todo, de

España, México, Uruguay y Argentina. Aunque no fue un axioma, es cierto que se importó mucho material de dudosa calidad, que lejos de paliar las ausencias, condujo a que los fanáticos buscaran en otras direcciones. Y no había que ir muy lejos: desde Estados Unidos transmitían estaciones con una propuesta apta para esos gustos, de manera que las prohibiciones nacionales fueron responsables de que muchos prefirieran sintonizar –con riesgo incluido– las difusoras que transmitían desde el norte.

Los Cinco de Armandito Sequeira

## Las canciones de la WQAM

Ante el silencio de las radioemisoras cubanas, las norteamericanas fueron la principal fuente de conexión con el *rock*. Como siempre, tampoco hay coincidencias al opinar sobre las experiencias individuales de quienes las sintonizaban. Guille Vilar rememoró:
"Aquí estamos muchos de los que escuchábamos las emisoras de La Florida para estar al tanto de la música de Los *Beatles*. Eran emisoras de onda media que tenían una programación local para La Florida, sin ninguna agresividad contra Cuba, y sobre todo música *rock* y de Los *Beatles* [...] Escuchábamos la

radio de los Estados Unidos en lugares públicos, como la playa, con el volumen alto para que todo el mundo pudiera oírla y nadie nos llamó la atención ni nos prohibieron nada en ese sentido. Incluso escuchábamos esas emisoras en los ómnibus sin mayores consecuencias". (6)

Según la presente investigación, la inmensa mayoría no fue tan afortunada, incluyendo el autor de este libro. Escuchar la radio norteamericana tenía todas las consecuencias de lo prohibido, derivando en procesos por diversionismo ideológico, expulsiones de planteles escolares y diversas muestras de repulsa social. Es obvio que no todos los casos eran iguales, pues tampoco lo eran las condiciones. Algunas autoridades resultaban más flexibles que otras, pero a diferencia de quienes afirman que las prohibiciones y problemas no eran una norma, son muchos los que tienen otra opinión.

Para sustentar esta discrepancia, acudo a palabras del entonces Ministro de las FAR, Comandante Raúl Castro, quien dejó clara la postura oficial en un discurso del 6 de junio de 1972, al referirse, por ejemplo, al espacio "El *show* de la nueva ola", transmitido por la BBC británica, y uno de los más escuchados por los fanáticos del *rock*:

"En él se orientaba la creación en Cuba de clubs juveniles y de focos de concentración de jóvenes de conducta antisocial en distintos lugares del país, especialmente en La Habana con la consiguiente secuela de actividades contrarrevolucionarias y antisociales de diverso tipo. Se comprobó que muchos de estos grupos se reunían para escuchar el programa y seguían sus orientaciones. Así surgieron «los *Rockets* sicodélicos», «los chicos de la flor» y otros. Puede presumirse que el programa fue uno de los factores influyentes en la intensificación de los grupos juveniles antisociales". (7)

Sin embargo, una mirada desprejuiciada permite observar que los programas seguidos desde Cuba, presentaban música y no comentarios políticos. Estaciones como las norteamericanas WQAM y WGBS (Miami), WLCY (Tampa), WKWF (Key West), WINC (Virginia), KAAY (Little Rock, Arkansas, con su popular "*Beaker Street*" en la voz de Clyde Clifford) y WSHE (Fort Lauderdale), así como Radio *Netherland*, la ya citada BBC (con "Ritmos", de Juan Peirano) y hasta el dominical "Discorama", en La Voz de las Américas, pusieron la banda sonora de esos años. Hacia el oriente se escuchaban *The Mix* (102.1) y *The Blessed* (103.1) de la Base Naval de Caimanera, resultando en otra vía a través de la cual los fanáticos del *rock* podían conocer la evolución que éste atravesaba en la escena internacional.

Hacia fines de los 70 y principios de los 80 las estaciones que trasmitían en FM desde Estados Unidos, con mayor potencia y calidad, desbancaron a las de AM. También el programa "*Rock salad*" de Tommy Vance en la inglesa BBC, atrapó a los oyentes cubanos. Se inició otra temporada en la que los aficionados al *rock* se convirtieron en improvisados técnicos, construyendo «antenas» especiales para poder captarlas. De su importancia han hablado músicos y público, entre ellos Carlos Varela:

"Todos escuchábamos, a través de las antenas clandestinas que inventábamos, lo que en aquel momento se llamaba FM, las emisoras norteamericanas que inevitablemente se colaban entre las emisoras cubanas". (8)

Esa oferta radial probó su efectividad principalmente durante la época del *rock* mimético en Cuba. Sin embargo, a pesar del indudable atractivo de disponer de *rock* las veinticuatro horas por esa vía, es probable que muchos aficionados echaran en falta algo similar, pero de factura nacional. Por eso, a despecho de la hegemonía casi absoluta alcanzada por dichas emisoras, hacia finales de la década del 70 se hizo obvio que, con un enfoque más objetivo del asunto, la situación se podía cambiar.

## Al margen del silencio

Coincidiendo con el apogeo de la «invasión británica» a Norteamérica, se inició en Cuba un largo periodo de incomprensiones hacia el *rock*, reflejado sobre todo en los medios de difusión masiva. La música de *The Beatles* y otros que cantaran en inglés, fue anulada entre 1964 y 1966. Superada esa etapa, el *rock* británico y norteamericano comenzó a figurar en la radio, aunque se mantuvo sujeto a diversos vetos.

Tal vez como una forma de contrarrestar el impacto que tenía en una parte de la juventud este *rock* anglosajón, se importó la música de agrupaciones de habla hispana. "Nocturno" (Radio Progreso) fue el arquetipo de tal tendencia, y por años difundió a la "invasión española". Fundado en agosto de 1966, incluyó un alto porcentaje de este *rock* que llegaba desde Hispanoamérica, Italia o Francia, aunque no descartó el de Estados Unidos y Gran Bretaña. Hoy es asociado solamente al *pop* hispanohablante de los 60 y 70, pero en sus emisiones también se escucharon los éxitos de *The Temptations, Guess Who, Elephant's Memory, Capitolo Sei, Christie, Rare Earth, Ides of March, Wallace Collection, Osibisa, Chicago,* James Brown, *Fifth Dimension, Blood Sweat & Tears,* Edgar Winter, Lucio Battisti, *Toto, Doobie Brothers,* Oliver, *The* Carpenters, *Stories,* Simon & Garfunkel, Aretha Franklin, Jimi Hendrix, Johnny Nash, Manu Dibango, *Grand Funk Railroad, The Supremes, Shocking Blue, The Equals,* Tom Jones, Eric Clapton, *Pilot, The Four Seasons* y los grupos de la invasión británica en pleno, entre muchos más.

De todos modos, si el *rock* ganó un espacio en el espectro radiofónico se debió más a la persistencia de los realizadores, que a una desprejuiciada política de difusión musical. Un ejemplo fue el programa "De", trasmitido por Radio Rebelde, sobre el cual rememoró Pedro R. Cruz, quien estuvo entre sus fundadores:
"Los locutores eran Héctor Fraga, hoy jubilado, pero entonces muy popular, y Ana Margarita Gil, quien hacía sus pinitos radiales. El diálogo abierto y desenfadado de ambos y la música del momento eran las características del espacio, al que le añadimos la música de Los *Beatles* para la jornada que abría la semana, y todavía no sé cómo lo logramos. Imagino que la razón estuvo en lo increíblemente tozudo que era el director de la emisora y en el inmenso placer que experimentaba al burlar las imposiciones de "arriba". Recuerdo especialmente una que pedía no solo bajar la frecuencia de Los *Beatles*, sino desaparecer el espacio de los lunes. Y cuando muy compungido fui a recibir el veredicto final el hombre, me dijo que un día no, dos días a la semana con los cuatro peludos. Tuve que acudir a la cordura para nivelar las partes en conflicto". (9)
Otros espacios alcanzaron creciente popularidad gracias a la difusión de esa música. Entre los más recordados: "Festival", "Oiga" y "Sorpresa Musical", todos en Radio Liberación; "Música y juventud" y Fiesta a las Nueve", en CMQ-Radio, "Buenas tardes juventud", en Radio Marianao; algunos en Radio Cordón de La Habana, y unos más diseminados por las distintas estaciones provinciales y regionales (Radio Bayamo, Radio Sancti Spíritus).
Un ejemplo aparte fue "*Now*" (en Radio Internacional). Si el resto de los programas se concentraba en difundir la música, "*Now*" estaba destinado a comentar aspectos negativos del capitalismo, intercalando música anglófona. Ignoro si la selección

respondía al concepto, tan en boga entonces, de que todo lo que provenía de esos países era censurable – de manera que el *rock* proporcionaba la "banda sonora perfecta"– o si sus realizadores eran unos fanáticos especializados en la triste lección de camuflar sus intereses musicales utilizando un discurso político. Cualquiera que haya sido la razón detrás del binomio artificial promovido por el programa, llegó a contar con una audiencia enorme... y no precisamente por sus comentarios.

A fines de 1978 surgió "Encuentro con la música", en Radio Progreso, con Guille Vilar y Pepe Rodríguez como creadores, con un rango que incluyó Nueva Canción, poesía y *rock*, en su hora y media de transmisión diaria. El segmento final, "Perspectiva", priorizó el material internacional aunque dio cabida también a cultores del patio como Arte Vivo, y sus realizadores comentaban:

"Se dirige a la difusión de cierta música popular elaborada con un rigor estético sin llegar a lo clásico. Claro que esto requiere información en las publicaciones especializadas, de modo que sabemos que ni por calidad ni por ideología nos interesan los *Sex Pistols* o *Kiss*, pero sí Emerson, Lake *and* Palmer, *King Crimson*, Herbie Hancock, Niemen o una pieza como *Ramis*, de Inti Illimani". (10)

Arte Vivo

Es difícil hablar de otro espacio que con anterioridad asumiera con rigor profesional la difusión del *rock*, incluidos aquellos cultores menos conocidos entre el gran público. Uno de sus méritos fue ofrecer información y valoraciones, marcando distancias tanto de las «discotecas» donde el locutor solamente anuncia las canciones, como de espacios del corte de "*Now*". Más allá de coincidir o no con los presupuestos enarbolados, en cuanto a marginar a determinados cultores, el espacio significó un precedente de gran importancia.

Sin embargo, todavía eran tiempos de censuras, como lo muestra una carta-circular emitida en el mismo Radio Progreso años después, el 20 de febrero de 1987, que planteaba en su inciso 4: "la música norteamericana se somete a un tratamiento especial de reflexión, donde debemos disminuir su frecuencia de transmisión". (11) ¡Más claro, imposible!

El siguiente ciclo lo marcó el *boom* de Radio Ciudad de La Habana, a partir de 1987. Un núcleo de jóvenes creadores (muchos sin experiencias previas en el medio) invadió la emisora rompiendo lanzas –entre otras músicas– a favor del *rock* como elemento integral de la cultura contemporánea. Su nuevo perfil incluyó espacios para la canción tradicional, poesía, literatura, radionovelas de temáticas actualizadas, trova de todos los tiempos, *rock*, humor y mucho más, así como análisis crítico de la realidad nacional.

Hasta la primera mitad de la década siguiente, Radio Ciudad de La Habana logró lo que parecía imposible: atrapar la atención del numeroso sector juvenil que gustaba del *rock*. Los espacios se sucedieron en el tiempo: "El Programa de Ramón", "A rienda suelta", "De costa a costa", "Collage", "Terapia", "Melomanía", "*Ad libitum*", "Disco ciudad", "La quinta rueda", "Buenas noches, ciudad", "Entre ocho y diez", "Doble casetera" y otros. En muchos de ellos el *rock* cubano se estrenó para la difusión. A partir de entonces continuaron los intentos, sin ceñirse al área capitalina.

En Cuba la difusión radial del *rock* ha tenido dos direcciones principales: la orientada sobre todo hacia lo foráneo, y la que prioriza lo nacional. Obviamente, esta última choca con dificultades objetivas, entre las cuales la escasa circulación de material con calidad suficiente, es la más preocupante. Con la proliferación de maquetas y discos independientes mejor grabados a partir de los años 90, esta limitante fue quedando detrás.

Hoy coexisten diversos espacios destinados en exclusiva al *rock*, y pese a los múltiples escollos (conceptuales, tecnológicos) y la preferencia sostenida por sus intérpretes extranjeros, la situación se ha revertido a favor del género.

---

### Algunos espacios radiales con énfasis en la difusión del *rock*

"En punta" y "Sígueme" (Radio Guamá, Pinar del Río); "Avalancha metálica", "Escenarios del *Rock*" y "Al lado del camino" (Estereocentro, Santa Clara), "Escaleras al *Rock*" (Radio Granma, Manzanillo), "Trascendencia" y "Volumen 1" (Radio Ciudad del Mar, Cienfuegos), "Tiempo A" (Radio 26, Matanzas), "Solo *Rock and roll*" y "Monstruos del *Rock*" (Radio Cadena Agramonte, Camagüey), "El árbol del *blues*", "La vena del tiempo" y "Trastienda musical" (Radio Sancti Spíritus), "Cable a tierra" (Sonido SM, Songo La Maya), "Qué tal joven frecuencia", "Parada nocturna" y "58 en *Rock*" (Radio Angulo); "Saba*Rock*" (Radio Cadena Habana), "La oreja de la noche" y "Tu medicina" (Radio Banes), "27 minutos" y "A todo *Rock*" (Radio Progreso), "El báratro" (Radio Bayamo), "Aquí y ahora" (COCO), "Código *Rock*" y "Matices" (Radio Surco), "*Rock* y más *Rock*" (Radio Morón), "Rockeando" (Radio Bayamo), "A propósito: la música", "Dando al traste" y "*Scala master*" (Radio Metropolitana), "Zona franca" (CMES-Radio Sagua), "La esquina del *blues*" (Habana Radio)

## El diario no se desayuna

En lo relativo a la prensa escrita, el *rock* tampoco ha tenido mucha presencia en Cuba. Junto a la inexistencia de publicaciones especializadas, estuvo la inclinación a ignorar, minimizar o estigmatizar su importancia. Hay que partir de un hecho ineludible: la carencia de una crítica objetiva y documentada del género. La que existió por mucho tiempo solo se interesó en «analizar» el acontecer internacional con sus defectos y ninguna de sus virtudes, mientras despreciaba lo que sucedía en el país.

Durante temporadas la información sobre la escena extranjera circuló entre los interesados, muchas veces de modo bien subrepticio. Algunas hemerotecas mantuvieron revistas en sus archivos, pero el grueso se movió de mano en mano entre los fanáticos. Publicaciones como las inglesas *Sounds, Q, The Wire, New Musical Express, Melody Maker, Classic Rock* y *Metal Hammer*, la francesa *Rock & Folk*, las norteamericanas *Rolling Stone, Billboard, Sixteen Magazine, Pulse!, Maximun Rock & Roll, Guitar Player, Down Beat, Musician, Hit Parade, Modern Drummer, Spin* y *La Banda Elástica*, las españolas *Popular 1, Heavy Rock, Rockdeluxe, Ruta 66, Vibraciones* y *Efe Eme*, las mexicanas *Sonido, Conecte, Rock Pop, México Canta, La Gaceta Rockera* y *Heavy Metal Subterráneo*, la argentina *Pelo*, la chilena *Rock & Pop, Kerrang* (en su doble versión: inglesa y española), la italiana *Ciao* 2001 y la alemana *Blast* –para sólo nombrar unas cuantas– sirvieron para mantener medianamente actualizados a sus seguidores.

Mientras tanto, en la prensa nacional el *rock* fue simplemente catalogado como "colonizador y desintegrador de las músicas tradicionales de diversos países" (12), "un negocio redondo" (13), con "tendencia a lo espectacular, a lo extravagante, al porno, al homosexualismo, a la drogadicción". (14) La musicología, los críticos y los periodistas que escribían sobre música, ejercieron nefasta influencia con escritos que representaban prácticamente un veto hacia todo lo que fuera *rock*. Libros, folletos y artículos de prensa reprodujeron esa distorsionada imagen que –en realidad– solo dejaba en claro el desconocimiento de quienes escribían, y de paso sirvió para apuntalar los ataques al género.

El libro *Rock: el grito y el mito* (1982), del brasileño Roberto Muggiati, fue la primera obra publicada en Cuba que, dedicada exclusivamente a este ritmo, abordó con profundidad el entorno sociopolítico, las connotaciones culturales y su influencia en el panorama contemporáneo, aunque por razones obvias se centró en los grandes nombres de la arena internacional.

De todos modos, hay consenso general en la importancia de *Entrecuerdas* por encima de cualquier intento publicado con anterioridad. Lo que comenzó como una sección de la revista cultural *El Caimán Barbudo*, firmada por Guille Vilar, y que se mantuvo mensualmente desde diciembre de 1981 hasta 1991, sin dedicarse totalmente al *rock* (foráneo) incluyó artículos sobre Jimi Hendrix, Jon Lord, Vangelis, John McLaughlin, Eric Clapton, Jimmy Page, Robert Fripp, Jean Luc Ponty, Neil Young, George Harrison y Ritchie Blackmore, entre muchos más. Su estable periodicidad y su carácter multigenérico hicieron de la sección, y de un folleto compilatorio del mismo nombre, aparecido en 1985, un texto clave para muchos lectores en momentos de aridez informativa.

Sin embargo, lo que debió haber sido una pauta saludable quedó apenas como un intento aislado. Publicaciones de perfil juvenil o cultural (*El Caimán Barbudo*, *Somos Jóvenes*, *Alma Mater*) admitieron trabajos relacionados con el *rock*, redactados casi siempre por autores que desde el punto de vista generacional se identificaban con el género: Joaquín Borges Triana, Eduardo del Llano, Denis Matos, Tanya Jackson y otros.

A partir de los 90 aparecieron artículos ocasionales sobre el *rock* hecho en Cuba en medios de prensa nacionales, provinciales y municipales. Esta aproximación a lo que sucedía en el país fue beneficiosa, pero no hay que olvidar que la corriente principal escribía sobre *rock* internacional. Parecía más sencillo opinar a propósito de lo que acontecía en Gran Bretaña o Estados Unidos, que sobre lo que ocurría en el patio. Como norma, esto se mantuvo hasta la aparición de los fanzines.

## *La prensa invisible*

La ausencia de literatura oficial sobre el *rock* estimuló en la década del 90 la iniciativa individual, surgiendo los primeros fanzines, suerte de "prensa invisible" debido a su reducidísima circulación y por florecer a espaldas del reconocimiento institucional.

Los fanzines son publicaciones periódicas independientes, generalmente realizadas con recursos muy modestos, y concebidos por un fanático (fan) que se dirige a otros fanáticos. Todo el trabajo de redacción, edición, diseño y conceptualización recae en una persona, o quizás un pequeño grupo de amigos con intereses comunes. Se trata de un periodismo de compromiso y pasión, no exento de parcializaciones, pero que ofrece información pormenorizada sobre lo que sucede con el *rock*, tanto en el país como fuera de sus costas.

Hay discrepancias acerca de cuál fue el primer fanzine de *rock* en Cuba. Desde Santa Clara, Eric Domenech, líder del grupo *Blinder*, afirma ser el pionero:

"En el año 91 mi hermano y yo editamos *Book of Condolence*, cuyas copias se hicieron en Costa Rica, ya que por acá teníamos limitantes en esos momentos para acceder a una fotocopiadora. Y logramos contactar a una persona en Costa Rica que nos realizó varios números. Con este fanzine abrimos una brecha en el consumo de este tipo de revista. Las copias de *Book of Condolence* se las hacíamos llegar gratis a los roqueros que buscaban este tipo de literatura". (15)

El capitalino *Death Through Your Veins* figura también entre los primeros, pero si seguimos una cronología –difícil de confirmar– su debut en agosto de 1992 lo sitúa posterior al *Book of Condolence*. Jorge Luis Hoyos (El Satan) y Canek Sánchez fueron los responsables de un trabajo procesado con fotocopias y que, con unos pocos ejemplares, se presentó en el primer Festival de *Rock* en Placetas. Hoyos recordó aquellos comienzos:

"Estuvimos ocho meses para hacer el primer número, sobre todo por las dificultades para conseguir el material. Mucha gente no creía en nosotros. Nos acusaban de estafadores, *rip-offs*, fantasmas; pero cuando sacamos el fanzine a la calle se embullaron. La primera tirada fue de ochenta y pico o noventa ejemplares, que es una cantidad ridícula, si se puede decir así. Un fanzine como mínimo debe tener entre doscientas y quinientas copias para poder tener una distribución y que se conozca". (16)

Más que precisar la exactitud acerca del primer fanzine lo importante es resaltar el modo en que estas iniciativas cobraron fuerza, generando un espectro de publicaciones que se ha mantenido por más de dos décadas. Por lo general tienden a chocar con una enorme cantidad de obstáculos, sobre todo la carencia de material (los fanzines surgen en Cuba en uno de los momentos más álgidos del Período Especial) y la suspicacia con que fueron recibidos.

De factura muchas veces artesanal, el contenido de los fanzines merece un comentario más profundo. Al lado de las siempre bien recibidas reseñas y noticias del acontecer internacional, buena parte de sus artículos tiende a destacar la escena cubana. Esto hizo que en poco tiempo se convirtieran en la tribuna difusora por excelencia del *rock* nacional. Sus páginas incluyen críticas de conciertos, festivales, discos y demos, entrevistas a músicos y grupos, notas breves, testimonios gráficos y comentarios sobre otras temáticas relacionadas. A veces el lenguaje resulta pedestre, unidireccional o parcializado, pero las problemáticas del roquero cubano son presentadas sin ambages, incluso mostrando divergentes puntos de vista. Algunos han alcanzado un grado de madurez en sus enfoques y cobertura del accionar interno, que ya desearían para sí muchas de las revistas con respaldo oficial.

Coincidiendo con la inclinación abiertamente metaloide que experimentó la producción nacional, el perfil de la mayoría de los fanzines también escoró hacia ese extremo, generando una marcada uniformidad, con poco espacio para propuestas de otra índole. Más que apoyar al *rock* en toda su diversidad, se centraron en direcciones específicas. Tal especialización no es nociva *per se*, aunque se corría el riesgo de reducir el género a un puñado de estilos. Los editores de *Scriptorium* explicaron las intenciones de lograr un balance en sus páginas:

"Mantenemos la línea de apoyo al metal, pero siempre le hacemos un hueco a grupos de otras tendencias, por lo cual hemos sido criticados. Seguiremos haciéndolo porque nuestro compromiso con la defensa de la escena cubana va más allá de nuestros propios gustos. La falta de divulgación afecta a todos los grupos de *rock*". (17)

---

**Fanzines**

*Cruzade, Ilusión* y *The Rocker* (Pinar del Río), *Rock Crítiko, El Punto Ge, Scriptorium* y *Advisory* (Ciudad de La Habana), *Instinto Básico, Resistencia, Cannibal zine* y *Hemofilia* (Bauta), *Grinder* (Alquizar), *Antizine* (Isla de la Juventud), *Insanedrac* (Cárdenas), *La Plaga* (Cruces), *Polilla en la Sombra* (Cienfuegos), *Fuerza de Voluntad, Dissection, Megaheavy Newsletter, Contracorriente* y *Delirium zine* (Santa Clara), *Resistencia* (Trinidad), *Spirit Bloody Spíritus* (Sancti Spíritus), *Hermann Metal Boletín* (Florida), *Insipid, Rompiendo el Cerko* y *Real Thing* (Bayamo), *Suffering* y *Arock con Frijoles* (Banes), *Evilness, Turbulencia* y *Subtle Death* (Holguín)

---

Durante una etapa los fanzines fueron esa «prensa invisible», conocida por pequeños círculos de roqueros, imaginada por el resto e ignorada por el aparato cultural. No fue hasta 1997 en que se reconoció su existencia, cuando la revista *Revolución y Cultura* incluyó una nota al respecto. Lo que hasta entonces era una actividad difusora alternativa, fruto de la persistencia de unos soñadores dispuestos a poner en «blanco y negro» lo que no encontraban en las publicaciones oficiales, pasó a ser una realidad a tomar en cuenta. Con posterioridad, algunos fanzines lograron contar con cierto apoyo logístico por parte de la Asociación Hermanos Saiz, y se llegó a convocar encuentros nacionales para sus realizadores. Los festivales Hoja-Lata celebrados desde 2002 en Sancti Spíritus, reunieron a editores y especialistas para valorar sus respectivas experiencias. Con una intención similar estuvo el evento *Rock* de la Loma, en Bayamo, donde los promotores compartieron estrategias de trabajo.

En octubre de 2001, como intento de oficializar un medio de información sobre el *rock*, la AHS publicó la revista *JaRock de Café*. Dirigida por Néstor Camino y con un equipo que incluyó a algunos editores de fanzines, trató de evitar el tono informal de aquellos, y se enfocó de preferencia en la escena nacional. Al comentar sobre esta experiencia editorial, Joaquín Borges Triana expresó:

"Llamo también la atención a lo beneficioso que resulta para *JaRock de Café* como publicación el haber nutrido sus filas con colaboradores procedentes del mundo de los fanzines, pequeños cuadernos de reducidas tiradas y editados de forma artesanal –por gestión personal de muchos interesados en el género– que han de servir como una muy importante fuente de información para la revista. Con la aparición de Ja*Rock de Café* se cubre un vacío en el diseño informacional". (18)

Sin embargo, la euforia no duró mucho. Nunca se pudo cumplir su proyectada circulación trimestral, perdió fuelle y después de su tercer número desapareció sin explicaciones.

Por otro lado, y sin salir del material impreso, desde los años 90 (principalmente) se gestó una literatura (narrativa y poesía) que tiene al *rock* como contexto o pretexto. Autores de una amplia gama etaria tomaron al roquero o friky como personaje central, o ambientaron sus escritos en el mundo de sus seguidores, a veces con una acentuada deuda del «realismo sucio».

En la última década también los enfoques académicos se han aproximado al *rock*, sobre todo desde la Sociología, la Musicología, la Historia del Arte y los Estudios Socioculturales. Ofreciendo visiones contrastantes o complementarias, esos acercamientos casi nunca se publican, por lo cual su efectividad no traspasa el marco universitario. Pero, a la vez, muestran la voluntad de analizar al *rock* con las herramientas y perspectivas de los altos estudios, algo que ya va siendo una necesidad urgente.

Entonces, ante la falta de una consistente documentación teórica, y con enormes lagunas en su seguimiento por la prensa oficial, los fanzines cubanos, descartando las (in)evitables limitaciones, siguen siendo el medio idóneo para conocer sobre el *rock* de producción nacional.

## *Travesía virtual*

Junto a los impresos, el arribo del siglo XXI trajo la ventaja de las comunicaciones digitales a través de boletines electrónicos, sitios *web* y *ezines* con circulación tanto en internet como en su variante nacional, intranet. De modo que la red de redes, incluso con las restricciones tecnológicas padecidas en Cuba, fue el nuevo espacio a conquistar por parte de los roqueros.

En primer lugar hay que señalar algunas particularidades de este tipo de promoción. Cuba es un país de muy baja conectividad digital, casi nulo acceso a internet desde el sector privado, y también una cifra reducida de ordenadores per cápita. Las posibilidades para colocar o descargar archivos de audio y video son prácticamente inexistentes, de modo que la función promocional queda trunca. Entonces, ¿cómo funciona la divulgación del *rock* en los medios digitales?

Por un lado están los grupos que, gracias a amigos y entusiastas fuera del país, diseñan y mantienen sus páginas *web*. En ellas se prioriza la información (biografías, promociones de conciertos) y la interacción con los usuarios, mediante mensajes. También algunos eventos específicos cuentan con este tipo de promoción digital, como los festivales Metal HG, Ciudad Metal y otros.

Entre los pioneros de esta especialidad figura Juan Raúl Fernández Salabarría, quien en su Cruces natal probó fortuna con el fanzine *La Plaga* en la primera mitad de los 90. Más adelante, desde el País Vasco, creó Cuba-Metal, un sitio de internet que promueve el *rock* nacional. A la sistemática actualización que requiere una *web* independiente, sumó la publicación  de varios compilatorios de músicos cubanos de *rock*, distribuidos con carácter promocional y con descargas gratuitas desde el sitio. Incluso figuró entre los nominados a Cubadisco 2012 con el primer volumen de su serie *Cuban guitars*. Sin embargo, entre otros obstáculos, Juan Raúl se ha topado con la desidia de los mismos músicos a los que intenta ayudar. Sus palabras son elocuentes:

"Las principales e incomprensibles dificultades que encontré son la falta de interés de las bandas en promover su trabajo, la poca atención que prestan a algo tan imprescindible hoy en día como es la promoción en la red de redes. La gran mayoría es muy dejada y algunos creen que por ganar un sueldo ya son profesionales... Otros, que tienen miedo a que les roben sus "obras maestras" en un mundo como el de hoy en el que cada vez se apuesta más por internet como vía para promover ya sean discos, videos, etc". (19)

Cuba-Metal, *Rockubamundi*, Pop y *Rock* Cubano, *Rock* en Cuba, *Rock* Cubano, Talentocubano, *Cubarockmetal* y otros sitios –incluyendo el del Maxim *Rock*– a veces comparten contenidos, y si bien algunos dan espacio a lo internacional, el objetivo principal es divulgar el acontecer cubano. Por su parte, la enciclopedia digital cubana EcuRed incluye algunas biografías de agrupaciones, pero se resiente en su puesta al día.

Los fanzines también exploraron la opción digital. *El Punto Ge* fue el primero en aprovechar las ventajas de

internet, contando con su *web* en 2004. Otros, como el habanero *Scriptorium*, se posicionaron en la red sin descartar las ediciones impresas. A la par, surgieron los *ezines* concebidos específicamente en su versión electrónica. *Barrio Bajo*, gestado desde Cienfuegos por Ernesto Rodríguez (bajista de Akupuntura), Mabel Martell y Carlos Prieto, inauguró la modalidad, seguida por *Underground Society* y boletines electrónicos como los holguineros *Demacrated* y *Subtle Death*.

También el periodista Joaquín Borges Triana mantuvo por un tiempo *Los Que Soñamos por la Oreja* (nombre tomado de su sección semanal en *Juventud Rebelde*). Distribuido mensualmente entre alrededor

de diez mil subscriptores, logró circular 31 números desde diciembre de 2004 hasta julio de 2007. Concebido para compilar artículos sobre disímiles aristas de la música cubana en general –y no solo el *rock*– se nutrió tanto de aquellos que habían aparecido en revistas nacionales o foráneas, como de los inéditos o exclusivos para el boletín. El editorial de su primera entrega dejó claras las intenciones:
"El objetivo, pues, consiste en ayudar a la promoción de la escena de lo que se va conociendo como Música Cubana Alternativa, algo que en esencia resulta una categoría operativa y no un concepto en cuanto a géneros y estilos específicos como tales. Por tanto, contiene géneros concretos (*rock*, *jazz*, *rap*, canción…), pero no se restringe tan solo a ellos. La indagación a propósito de dicho fenómeno no se circunscribe al plano musical sino que se abre a otras consideraciones que son fundamentales para facilitar su análisis y una correcta interpretación del tema en sus diversas y complejas aristas". (20)
Algo que conspira de internet es que su concepción abierta muchas veces permite la publicación de informaciones contradictorias, erróneas o sencillamente falsas. Si se acepta la progresiva dependencia de sus usuarios para la obtención de datos y la facilitación de investigaciones (que van desde las más serias hasta el burdo plagio del "copia y pega") conviene alertar que lo que aparece en las plataformas digitales responde a disímiles intereses y no siempre resulta fidedigno.
Por último, y como complemento audiovisual de esta labor promocional independiente, apareció a fines de 2011 un video-zine realizado por Yasser Fuentes y Gustavo Luque, en Cárdenas, Matanzas. Entrevistas, noticias, reportajes y filmaciones de eventos constituyen una entrega novedosa, que se distribuye en DVD-R con gran aceptación por la fanaticada.

## De cada diez personas que miran televisión...

Si el acceso a la radio y la prensa escrita ha sido bien difícil a lo largo de los años, antes de hallar una estabilidad que todavía dista de ser eficiente, lo relacionado con la televisión sorteó caminos aún más escabrosos. Es obvio que la dificultad mayor reside en las propias características de este medio, pero sin descartar los prejuicios alrededor del género.

La televisión en Cuba se inauguró en octubre de 1950 con el Canal 4, de Unión Radio Televisión –propiedad de Gaspar Pumarejo– desde un estudio improvisado en Mazón y San Miguel, La Habana. Unos meses después comenzó CMQ-TV (Canal 6) de Goar Mestre, y en febrero de 1953 le tocó el turno a Telemundo (Canal 2) de Ángel Cambó. En 1957, cuando el *rock and roll* estaba en su apogeo, se disputaban el favor de un número cada vez mayor de televidentes. A tal efecto algunos programas lo utilizaron para elevar los *ratings* entre los jóvenes: "Casino de la Alegría", "El Café de la Esquina", "El Pulpo Verde", "Álbum Phillips", "Cabaret Regalías" y otros.

Convocatoria de *Rock and Roll* en Telemundo

En Telemundo, Salvador Levy organizó concursos de baile –el famoso Club del *rock and roll*– tanto en sus estudios, como en diferentes teatros de la capital. Pumarejo, desde su Canal, también se sumó a la iniciativa. La oportunidad de explotar la versión danzaría del género fue aprovechada por distintos presentadores a lo largo del país. Cantantes como Jorge Bauer, Luisito Bravo y Ricky Orlando, entre otros, se consagraron en una pantalla chica que los llevó a miles de hogares. Por ese tiempo comenzaron también los primeros "clubes de fans" con los seguidores de nuestros rocanroleros iniciales.

En agosto 1960 se produjo la nacionalización de los medios, quedando agrupados en el Instituto Cubano de Radiodifusión (ICR), luego Instituto Cubano de Radio y Televisión (ICRT). A partir de ese momento, y con las nuevas leyes laborales, solo los artistas «profesionales» fueron autorizados a figurar. En el caso concreto del *rock and roll* las exigencias solían ser tajantes: nada de las canciones más intensas y mucho menos las versiones al repertorio internacional, por no hablar de la visualidad de sus cultores, que siempre fue cuestionada. Tales dogmas se mantuvieron, con mínimas variaciones, a lo largo de una extensa etapa, motivando que el *rock* estuviera prácticamente vetado en la televisión.

Otro elemento que dificultó el acceso de los grupos de *rock* a este medio eran los obstáculos tecnológicos, sobre todo en lo concerniente al sonido. Con frecuencia la televisión utilizaba la técnica del doblaje o *playback*, con los músicos haciendo la mímica sobre un *background*, pero sin tocar realmente; era indispensable grabar antes la música que se iba a interpretar. Entonces, si no se podía grabar en condiciones decorosas, pues los estudios no tenían interés por ese tipo de música, las apariciones se veían frenadas con una (i)lógica de círculo vicioso.

Con el paso del tiempo algunos grupos aparecieron «a cuentagotas» en la televisión: Los Dada, Los Violentos, Última Edición, Los Gafas, Los 5-U-4, Los Magnéticos, Los Bucaneros, Los Barbas, Los Dan,

Los Novels. Más que las condicionantes técnicas, la barrera principal a vencer fueron las subjetividades humanas. Los criterios «oficiales» en torno al *rock* constituían un bloque monolítico contra el cual se estrellaba cualquier intento de conciliación. La censura resultó muy fuerte, incluso por detalles tan fútiles como el uso de un platillo de batería, la ropa o el pelo. Sin ir muy lejos, el Grupo de Experimentación Sonora del ICAIC, con impecables credenciales políticas, se enfrentó a estas prohibiciones. El guitarrista Pablo Menéndez recordaba:

"La televisión universitaria quiso hacer tres programas con nosotros: uno dedicado a la música en el cine, otro sobre la canción y un tercero sobre la música instrumental. En ese momento parece que había un lugar donde se velaba por el largo del pelo de los que salían en pantalla, y los programas fueron vetados totalmente". (21)

Hubo aisladas e interesantes experiencias donde el *rock* era abordado con un enfoque más serio. Un ejemplo apenas recordado fue "El pueblo pregunta", una de cuyas emisiones, en enero de 1969, se reseñó así en el periódico *Juventud Rebelde*:

"Una parte interesante del programa fue cuando Leo Brouwer, por medio de cintas magnetofónicas de «*Me voy pa'l pueblo*» (guajira) y «*Santa Isabel de las Lajas*» y «Cienfuegos», estas dos últimas de Benny Moré, demostró que los elementos de estas melodías se encuentran, con nuevas sonoridades, en «*Black is black*» y «*Pastilla de menta*»". (22)

Ademas, en una situación similar a la ocurrida con la radio, desde inicios de los 70 los canales televisivos de Estados Unidos se podían ver en Cuba, dependiendo de las condiciones atmosféricas, y la ubicación y capacidad de los receptores. Los seguidores del *rock* se familiarizaron de modo subrepticio, con espacios como "*Midnight Special*"

(1973-1981), *"In Concert"* (1972-1975), *"Don Kirshner´s Rock Concert"* (1973-1981) y el más veterano de todos, *"Soul Train"* (1971-2006), entre otros. En zonas de la parte suroriental se accedía a NBW8, dada su cercanía a la Base Naval de Caimanera.

En la segunda mitad de los 70 la televisión cubana comenzó a incluir *rock* internacional. Programas de Italia y la República Democrática Alemana fueron mostrados con relativa frecuencia, con imágenes de *Bee Gees, Stern Meissen Combo, Smokie, Karat* y otros. Luego llegaron "Discograma" y "La Revista de la Mañana", con vídeos de *April Wine*, Joe Cocker, Juice Newton, Paul Mc Cartney & *Wings, Atlanta Rhythm Section*, Christopher Cross, Suzy Quatro, Robert Fripp, *Deep Purple* y Steve Winwood, por ejemplo. El 30 de octubre de 1986 se estrenó el documental *"The compleat Beatles"*, transcurridos 16 años de la desintegración del conjunto británico. Otro hito fue la exhibición de la serie española "Que noche la de aquel año", repaso audiovisual conducido por Miguel Ríos cubriendo el pop y el *rock* de 1962 a 1987.

En cuanto al cine, el género no tuvo incidencia, si descontamos unos pocos filmes que aparecieron a partir de los sesenta, a pesar de haber sido el medio por el cual el *rock and roll* llegó a gran parte de la juventud cubana en los 50. De hecho, la que está considerada primera obra latinoamericana dedicada al juvenil ritmo, la argentina "Venga a bailar el *rock*" (1957, Carlos Marcos Stevani) llegó a las pantallas grandes antes que terminara esa década.

Fue en los 80 que se comenzaron a proyectar algunas películas donde el *rock* tenía presencia. En ese decenio la proliferación de salas de video dio un impulso mayor a esta posibilidad, con un tipo de cinematografía que incluyó las que presentaban al *rock* en su banda sonora, el contexto de la trama, o protagónicos de músicos-actores: Kris Kristofferson en "Los amantes de Venecia" (1973, Paul Mazursky), Charly García en "Lo que vendrá" (1988, Gustavo R. Mosquera) y Tom Waits en "*Candy mountain*" (1988, Robert Frank), entre muchos más.

Un caso singular fue el largometraje "Habana *blues*" (2005) del director español Benito Zambrano. Egresado de la Escuela Internacional de Cine y Televisión, de San Antonio de los Baños, se sensibilizó con la problemática del *rock* nacional y llevó a la gran pantalla un argumento de ficción que reflejó muchos de los avatares del género desde una perspectiva social. Varios músicos intervinieron como actores, incluso con desempeños notables. Por otro lado, el disco con la banda sonora (incluyendo piezas exclusivas compuestas para la ocasión por Equis Alfonso, Descemer Bueno, Kelvis Ochoa, José Luis Garrido y otros) fue un éxito de ventas en España (no se vendió en Cuba) mientras la cinta cosechó también algunos lauros.

### Algunos filmes con temática rock exhibidos en Cuba

*Hound dog man* (1959, EE.UU), *Girls can't help it* (1965, EE.UU), *Blow up* (1966, GB), Los chicos con las chicas (1967, España), La cumbre y el abismo (1967, GB), *Yellow submarine* (1968, Canadá), *Hair* (1971, EE.UU), La leyenda de Paul y Paula (1973, RDA), Un hombre con suerte (1973, GB), Tommy (1975, GB), *ABBA: The movie* (1977, Suecia), *The last waltz* (1978, EE.UU), *The rose* (1979, Estados Unidos), *The Blues Brothers* (1980, EE.UU), Xanadu (1980, EE.UU), *The wall* (1982, Gran Bretaña), *Yesterday* (1985, Polonia), *Bring on the night* (1985, GB/EE.UU), La bamba (1987, EE.UU.), *Rattle and hum* (1988, EE.UU), *Step across the border* (1990, Suiza), *The Doors* (1991, EE.UU.), Tango feroz (1993, Argentina), *Velvet goldmine* (1998, GB/EE.UU)

Algunos documentales nacionales han mostrado aproximaciones al fenómeno *rock*, desde el mítico Patio de María (*"Rock* vs. SIDA", 1994, Manuel Acosta) hasta los frikys como sujetos de una marginalidad social ("Un pedazo de mí", 1988, Jorge Luis Sánchez). Películas de ficción como "Entre ciclones" (2002, Enrique Colina) y "Un boleto al paraíso" (2010, Gerardo Chijona) presentaron miradas diversas –a veces controvertidas– hacia esa música y sus cultores.

## Hora de cambiar

En 1986 la televisión estrenó "Perspectiva", cuyos artífices Guille Vilar y Jorge Gómez venían del medio radial con un proyecto de igual nombre. La clave de su éxito fue el manejo de la información que se ofrecía, favoreciendo acercamientos a figuras y estilos del *rock* foráneo, pero sin ceñirse de manera categórica al género. Luego llegó "A *Capella",* en el verano de 1989, por el tándem inicial de Guille y Jorge Dalton, que con diversos cambios, y ya bajo la dirección del primero, se mantiene hasta el presente con un enfoque parecido en cuanto a priorizar la escena extranjera (de Triana y *Sky* a *Led Zeppelin* y *Midnight Oil*) entre una variedad de propuestas.
Dado que la producción de videos del *rock* local era casi inexistente hasta los 90, cuando tímidamente se empezaron a filmar algunos clips y conciertos, pocos espacios posibilitaban el contacto visual con los intérpretes cubanos.
A fines de 1989 debutó en Tele Rebelde el programa "En Confianza", destinado al público juvenil y mostrando mayor interés en la creación musical nacional, incluyendo el *rock*. Con un colectivo de realizadores, periodistas e investigadores jóvenes (Alejandro González, Rudy Mora, Alexis Núñez Oliva,

Orlando Cruzata, René Arencibia y quien escribe), contó con la sección "Monstruos de la Música" con emisiones dedicadas a *Iron Maiden, Yes, Led Zeppelin, Guns 'N Roses*, Luis Alberto Spinetta, *Pink Floyd*, Bill Bruford, U2, *Rush, Doobie Brothers*, Steve Vai, Jan Akkerman, *Talking Heads* y más. Asimismo incluyó filmaciones de bandas nacionales, hechas en el propio estudio. El equipo se trasladó a Santa Clara para filmar la primera edición del Festival Ciudad Metal, que en junio de 1990 reunió a Los Gens, Alto Mando, Estirpe, Sentencia y Zeus. Sin embargo, entre los señalamientos que se le hicieron en menos de dos años de vida, resultaron curiosas estas palabras:
"En la música parece interesado en saldar esa especie de deuda que algunos creen se tiene con el *rock*". (23)
Y es que, en efecto, aunque la periodista lo cuestionara, existía esa deuda, tras decenios de prohibiciones, y una de las batallas conceptuales que libró el programa fue, justamente, defender el *rock* como inte-grante del diapasón sonoro contemporáneo en la isla. Algo que las instancias superiores no estaban listas para comprender.
Intentos siguientes en los que el *rock* de autores cubanos ha sido notorio ("Sonido Subterráneo", "Cáscara de Mandarina", "La Mochila", "A Mitad de Hoy", "Hecho en Casa") también desaparecieron sin muchas explicaciones, tras un tiempo en pantalla. Esto resulta doblemente llamativo si tomamos en cuenta que espacios centrados en la música internacional (y no siempre la mejor, ni aún entre los cultores del *rock*) se han mantenido por lustros.
En 1995 el realizador Orlando Cruzata creó el programa "El Patio de mi Casa es", que luego quedaría sencillamente como "Lucas", tomando su nombre del Premio que entregaba. Devenido la principal tribuna de exposición del audiovisual en

Cuba a partir de 2002, está abierto al video clip de *rock*. Alabado y criticado por igual, resulta de todos modos, otro espacio de promoción.

Algo diferente propone "Cuerda Viva", responsabilidad de Ana Rabasa y Cary Rojas, que debutó el 6 de abril de 2002, apuntando al rescate del nebuloso segmento de la producción nacional que algunos llaman «alternativa», por hallarse al margen de la «música cubana» reconocible. La denominación vale por igual para la trova más joven, el *rock*, el *jazz*, la electrónica, el *reggae*, música instrumental, *hip hop*, *blues*  y fusiones diversas. Bandas de metal extremo –que rara vez tienen representatividad televisiva– fueron bienvenidas en un programa que, pese a los cambios de imagen, horario y día de transmisión, mantiene un compromiso con la escena musical en su más amplia acepción.

Desde 2004 "Cuerda Viva" generó un concurso con las categorías –un tanto reduccionistas– «*rock* metal» y «*rock* melódico, con la posibilidad de grabar un disco como premio. También copatrocinó, junto al sello *Bis Music,* el recopilatorio *Rock vivo* (2008) y en marzo de ese mismo año organizó la primera edición de El *Rock* Más Largo, maratónica sesión de música en directo compartida por bandas de distintos estilos, que ha tenido varias convocatorias posteriores.

Como ocurre en otros medios de divulgación, la inclusión del *rock* estuvo más bien condicionada por los intereses de los realizadores, aunque siga existiendo una velada censura interna. De todos modos, se va insertando en el audiovisual cubano, con sus ganancias y pérdidas. La posibilidad de acceder a la televisión está entre las intenciones de muchos grupos, pero con una posición loable, son pocos los que hacen concesiones para lograr tal objetivo.

Hasta aquí un repaso somero por la presencia del *rock* en los medios de difusión. Dado que se trata de un género de la música popular contemporánea, es fácil percibir que su incidencia mediática dista de ser relevante. Si bien es obvio que existe un avance, todavía se difunden más los trabajos de artistas internacionales. No obstante, con bastante retraso, una subvaloración evidente y sin librarse de lastres internos y externos, el *rock* cubano ha ido ganando en lo que a promoción se refiere.

Los Piratas

**Citas**
1– Acosta, Leonardo: *Otra visión de la música cubana.* Letras Cubanas, 2004, Habana, p. 261.
2– Quiroga, Orlando: "No escuchamos los ritmos modernos del mundo, mientras el mundo escucha los ritmos de Cuba", *Revolución*, 24 de febrero de 1964, La Habana, p. 13.
3– Manrique, Diego A.: "Mitología, ritos y leyendas del *rock*", *El País*, 2 de noviembre de 1986, Madrid, p. 8.
4– López, Oscar Luis: *La radio en Cuba*, Letras Cubanas, 1981, Habana, p. 73.
5– Castellanos, Ernesto Juan: *Los Beatles en Cuba*, Ediciones Unión, 1997, Habana, p. 145.
6– Castellanos, Ernesto Juan: *Op. cit.* p.114.
7– Castro, Raúl: "El diversionismo ideológico, arma sutil que esgrimen los enemigos contra la Revolución". *Verde Olivo*, año 14, no. 30, 23 de julio de 1972, p. 10.
8– Arcos, Betto: "Breve historia del *rock* cubano". *La Banda Elástica*, agosto 1995, California, p. 8.
9– Castellanos, Ernesto Juan: *Op. cit.* p. 120.
10– Cartaya, Rolando: "Ritmos y Encuentro con la música". *Juventud Rebelde*, 10 de enero de 1979, La Habana, p. 3.
11– Archivo del autor.
12– Acosta, Leonardo: *Música y descolonización*, Arte y Literatura, 1982, Habana, p. 277.
13– Martínez, Mayra Beatriz: "Arte, muerte *and business*", *Somos Jóvenes* s/n, Habana, p. 5 (archivo del autor).
14– Idem, p. 7.
15–http://trastiendamusical.es.tl/Declaraciones-del-lider-de-la-banda-Blinder.htm
16– Archivo del autor.
17– González, Tony: "*Scriptorium*", *El Punto Ge* 12, 2010, Habana, p. 24.
18– http://www.lajiribilla.cu/paraimprimir/nro24/650_24_imp.html

19– Wormed, Alex: "www.cuba-metal.com", *El Punto Ge* 12, 2010, Habana, p. 30.
20– Borges Triana, Joaquín: *Los Que Soñamos Por La Oreja* 1, diciembre 2004, Habana.
21– Sarusky, Jaime: *Grupo de Experimentación Sonora del ICAIC: mito y realidad.* Letras Cubanas, 2005, Habana, p. 56.
22– Gabriel: "¿Qué hay de nuevo?" *Juventud Rebelde*, 11 de enero de 1969, Habana, p. 4.
23– Cruz, Soledad: "En la confianza de librarnos del tedio". *Juventud Rebelde*, 17 de junio de 1990, Habana, p. 11.

## Búsqueda y esencia

Desde que comenzó la búsqueda de una identidad nacional, «lo cubano» estuvo –y está– sujeto a inevitables cambios de percepción, basados en tensiones dialécticas entre lo «nuevo» y su precedente, lo establecido y lo que pugna por abrirse un lugar. A géneros que hoy se consideran paradigmas de ese «sentido cubano» se les negó representatividad en algún momento. Fue un proceso que victimizó al danzón a finales del siglo XIX, al son y la rumba en los albores del XX, al «filin» y el *jazz* a inicios de los años 60. Cada periodo tuvo celosos guardianes que amparados en posiciones de poder (cultural, social, político, religioso) devinieron acusadores de lo que tildaban como ajeno a una nacionalidad que cada cual definía *a priori*. La investigadora Adriana Orejuela nos recuerda que:
"A lo largo de su historia, la cultura dominante ha tendido a arrogarse el derecho a legitimar o impugnar las expresiones de la cultura popular". (1)
La cultura de un país no es inamovible. Exige constante oxigenación, so pena de transformarse en pieza de museo, y lo mismo puede aplicarse al patrimonio musical. La tradición se suele confundir con los estereotipos, como fórmula facilista para identificar rasgos de "nacionalidad" que muchas

veces son apenas un barniz de rancio folclorismo. Poner unas maracas en las manos de un músico no es la única forma de representar una "cubanía" (si es que esta existe).

Para el *rock* en Cuba esa búsqueda basculó entre el desgarro y la objetividad, la experimentación y el oportunismo, generalmente bajo la mirilla de críticos y censores que no dejaron de hostigarlo. Quizás sea el roquero cubano uno de los pocos creadores que sobrevive, en pleno siglo XXI, bajo la inculpación –directa o no– que lo sitúa al margen de la cultura de su país, pese a los esfuerzos por revertir tal situación. Joaquín Borges Triana señala:

"El *rock*, quizás como ninguna otra manifestación, se inserta en el tan discutido problema de la identidad al considerar las diversas relaciones producidas por la articulación de lo local, lo regional, lo nacional y lo global en música. En el abordaje de la nacionalización de lo global, en el *rock* hecho por cubanos, desde el punto de vista teórico todavía no se ha conseguido dilucidar el perfil de identidad nacional. De ello se desprende que las ciencias sociales cubanas tendrían que resolver metodológicamente el problema de si se debe medir la identidad del *rock* en relación con el horizonte de la música nacional o al del propio *rock* como tal". (2)

En todo caso, en las cinco décadas de *rock* en Cuba se distinguen tres direcciones bien diferenciadas.

1. La fusión con elementos que la tradición musical y el aparato rector cultural reconocen como formadores del acervo nacional.

2. La elaboración del género según los códigos internacionales, y cuyo vínculo a Cuba está dado por el empleo del idioma oficial, las temáticas, y/o por estar creado geográficamente en el país.

3. *Rock* catártico, conectado al «arte momentáneo» y sin pretensiones específicas de "sonar cubano".

Ahora, algunas aclaraciones elementales antes de repasar cada una de las vertientes mencionadas.

## *Nací culpable*

Desde las iniciales críticas al *rock* tras su llegada a Cuba, se hizo hincapié en su divorcio de una «cubanía» conceptualizada a ultranza. Las razones del rechazo hay que buscarlas en el sentido esquemático de lo cubano en contraposición a lo externo. Si al principio los músicos se dedicaron a duplicar lo que llegaba de Norteamérica, fue por el lógico afán imitativo del aprendizaje, actitud que no se aplica solo al *rock*. Nadie se preocupó por hacer un tango «cubano»: sus cultores, simplemente, copiaban canciones, gestos, entonaciones y hasta vestimentas de los argentinos. Y no hubo revuelo, ni se afirmó –como sucedería más adelante con el *rock*– que tales prácticas invalidaban la cultura nacional o (peor aún) le hacían el juego al gobierno de turno de la nación suramericana.

Entonces, ¿cuál fue la culpa del *rock* cubano? ¿Su dependencia de parámetros foráneos? ¿Un choque con la cultura reconocida o aceptada oficialmente? ¿Sus atributos musicales? ¿Su proyección social? ¿Es el calificativo "*rock* cubano" un oxímoron? La pregunta esencial es ¿por qué siendo Cuba uno de los primeros países donde el *rock* tuvo presencia, no generó el reconocimiento que dicha condición le pudo haber garantizado?

Para muchos el asunto radica en su lugar de origen, Estados Unidos, y las difíciles relaciones entre ambas naciones desde finales del siglo XIX. Cuando el *rock and roll* llegó a Cuba en 1956 colisionó con tradiciones de sesgo conservador. Sus primeros choques no tuvieron a la política como telón de fondo, sino las reservas nacionalistas de un sector con poder que lo tildó de «invasión musical extranjera». Después de la proclamación del carácter socialista de la Revolución en 1961, pasó a ser asociado con el imperialismo norteamericano. Se intentó mostrar una incompatibilidad entre el *rock and roll* y «lo cubano», con una visión politizada de cultura y nacionalidad que pecaba de preocupante superficialidad. Como el *rock*, tampoco la ópera, el pasodoble ni la música clásica surgieron en la mayor de las Antillas, y nunca se vieron enfrentadas a un rechazo parecido.

Los Bule Bule

Alfredo Prieto González, editor de la revista *Temas*, aventura una hipótesis:
"Lo norteamericano implica en la Isla una dualidad contrastante: de un lado el expediente de agresiones y presiones ha dejado una huella en la psicología y el ethos nacional que se expresa en el rechazo, pero también, de otro, se mantienen sentimientos de atracción cultural que no tienen necesariamente una connotación disociadora o contraria a la cubanía". (3)
La etapa crónica de extremismos contra el *rock* abarcó entre los años 60 y principios de los 90: tres

decenios de censuras, persecuciones y marginación que dejaron un lamentable saldo de carreras truncas, éxodo, retroceso creativo, resistencia escudada en el mimetismo y heridas sicológicas sin cicatrizar en un sector de la sociedad. Sujeto a tales ataques, el *rock* inventó formas de supervivencia que implicaron la toma de partido sin importar consecuencias, pero también, por otro lado, un coqueteo (más o menos sincero) con lo «aceptado» como modo de legitimarse en el plano sociocultural. Entre ambas variantes creció –a su vez– todo un diapasón de opciones.

La inserción de componentes «nacionales» solo podía sobrevenir tras superar un período de tanteo. Sin embargo, desde fechas tempranas hubo músicos que manejaron un rasgo que con frecuencia no se toma en cuenta: cantar en español. Incluso cuando se trató de adaptaciones del *rock and roll* norteño, el hecho de interpretarlo en nuestro idioma establecía una diferencia. Esto ocurrió por igual en Cuba, México y hasta en los propios Estados Unidos. Para la historia quedó "*La bamba*" (1959), son jarocho veracruzano de autor desconocido, que en la versión del chicano Ritchie Valens alcanzó el sitio más alto en las listas de éxitos, para convertirse en un clásico versionado hasta hoy. Resumía dos elementos importantes: interpretación en español (para quienes creen que solo el inglés funciona) y construcción sobre una melodía de la tradición popular. En Cuba, un año antes, Los *Hot Rockers* habían llevado al *rock* "*Cachita*", del boricua Rafael Hernández, aunque es de lamentar que la escasa difusión anuló su posible impacto, y que la grabación sea hoy un enigma casi arqueológico.

Lo destacable es que músicos de distintas procedencias estaban explorando direcciones con un toque nacional dentro del *rock and roll* ya desde sus primeros días. Cuando enfrentó una inculpación arbitraria acudió a maniobras diversas, y una de ellas fue tender un puente hacia el folclor y las tradiciones para "demostrar" sus raíces.

## El rock de los ancestros

La tesis más recurrida durante años fue que el *rock* (para ser) cubano tiene que incluir elementos de lo que convencionalmente se acepta como «música cubana». Pero quienes definen esta última a menudo olvidan que el abanico sonoro del país, con su rica amplitud de géneros, está sujeto a los inevitables cambios de todo proceso. La música cubana de hoy no es la de ayer, ni será la de mañana, y ese detalle suele pasarse por alto.

Sin dudas hay elementos que, con el tiempo, se transforman en raigales y se asumen como un signo de identidad, pero no son los únicos ni tienen que figurar obligatoriamente en toda creación.

"En cierta medida, la adopción de elementos étnicos o populares en la música, probablemente se haya dado siempre, pero se hizo más destacada especialmente en el siglo XIX, en el curso de la búsqueda de las raíces nacionales. A estas formas se les concede cada vez más un estatus oficial en casi todos los países modernos, con independencia de las diferencias ideológicas, lo cual indica que las líneas estructurales entre las artes impuestas por los participantes de los mundos artísticos son permeables y provisionales". (4)

La presencia en Cuba de obras y géneros norteamericanos tiene un largo historial. En su libro *Los contrapuntos de la música cubana* Cristóbal Díaz Ayala recuerda a Ernesto Lecuona, Manuel Corona, el sexteto Torroella, la orquesta típica de Pablo Valenzuela y muchos más, quienes de variadas maneras incursionaron en ritmos importados desde el norte. *Ragtime, spirituals, foxtrot, blues* y *jazz* llegaron a través de grabaciones fonográficas y artistas de Estados Unidos de paso por la isla. Se fraguaron puntos de contacto entre músicas de aquí y de allá, incentivando a creadores e intérpretes locales que se apuntaron a la experiencia. Esas influencias se localizaron en las orquestaciones del mambo, los arreglos para los cubanísimos conjuntos, las armonizaciones del filin y hasta en canciones de la llamada Trova Tradicional.

A su vez los ritmos cubanos –rumba, bolero, mambo, chachachá– llegaron al mercado del vecino norteño, produciéndose un reconocido trasvase. Hay quienes hasta ubican su influencia en el *rock*, como explica Leo Brouwer:

"Ahora, por suerte también, los elementos básicos del *beat*, del *go go* y la música pop en general son de raíz latina, por una parte, mientras que por otra la vuelta al folclor nativo les da carta de nacionalidad en cada país. Este importante dato escapa a los analistas que solo observan los elementos técnicos en música. Pudiéramos decir, con riesgo de parecer pedantes, que la base universal de la música *beat* o pop actual está en estructuras rítmicas afrocubanas, mientras los elementos o perfiles nacionales de cada país se definen en otros parámetros de la música". (5)

Algunos músicos norteamericanos asociados al *rock and roll* no eran ajenos a los ritmos cubanos. Por ejemplo, en marzo de 1958 Bill Haley grabó "*Chiquita linda*" (*Un poquito de tu amor*) de Julio Gutiérrez, que pasó sin penas ni glorias, no así la versión hecha por *The Sandpipers* en 1966 de la "*Guantanamera*", que alcanzó un sorpresivo noveno puesto en los *charts*.

Curiosamente, en México el grupo Los Locos del Ritmo registró a inicios de los 60 versiones de la propia "*Guantanamera*", "*El manicero*" (Moisés Simons) y "*Me voy pal pueblo*" (Marcelino Guerra). Esta línea de acercarse al repertorio cubano también fue asumida allí por Los Gibson *Boys* ("*Andalucía*", de Ernesto Lecuona), Los Rebeldes del *Rock* ("*Para ti*", de Mongo Santamaría), Los Caifanes ("*La negra Tomasa*", de Guillermo Rodríguez Fife), La Lupita ("*Que rico mambo*", de Pérez Prado), Café Tacuba ("*No me comprendes*", de Bola de Nieve) y Kerygma con piezas de David Torrens, José Luis Medina y William Méndez (ex miembro de Síntesis, y posterior guitarrista de esta banda mexicana) entre otros.

Descontando aislados antecedentes, en 1970 se inauguró (casi) formalmente lo que luego se conocería como «*rock* latino», cuando el mexicano Carlos Santana se apropió del "*Oye como va*" del nuyorican Tito Puente. Su *rock* con percusiones y fuerte acento de rumba y son (llegó a grabar "*María Caracoles*" de Pío Leyva y Pedro Izquierdo) fue muy seguido aquí. No hay que olvidar que Orestes Vilató, Mongo Santamaría y Armando Peraza integraron su banda en varios momentos, en la doble condición de instrumentistas y compositores.

Grupos profesionales y aficionados incursionaron en dicho patrón con la duplicación de temas extranjeros y originales. Al lado de los omnipresentes *covers* destacó "*On bembe on bamba*", grabada por Los Barbas (y escrita por integrantes de Los Kents) con sus tumbaos soneros en el piano, el inteligente diseño rítmico y un punzante trabajo guitarrístico. "*Grifo*", instrumental de Pablo Menéndez grabado por el Grupo de Experimentación Sonora del ICAIC, también se movió por ese cauce con un sesgo más experimental, anunciando futuros trabajos de los grupos Mezcla (dirigido por el mismo Pablo) y Síntesis. Pero aunque esta dirección conquistó el interés de algunos músicos, la influencia anglosajona directa resultó dominante.

Al hablar de la fusión del *rock* con elementos de la tradición nacional Síntesis resulta el colectivo más reconocido. Tras una etapa primaria signada por el *rock* sinfónico y la nueva trova, el disco *Hilo directo* (1984) presentó atisbos de lo que se desarrolló con mayor potencial en *Ancestros* (1987): cantos y ritmos de raíz yoruba apoyados en la tímbrica del *rock* y la instrumentación electrónica. Muchos críticos defendieron esta modalidad como el camino ideal en la búsqueda de un sello para el *rock* hecho en casa. La acogida oficial (premios incluidos), contrastando con el rechazo mostrado antes hacia el género, propició la confusión. Sin embargo, lo realizado por Síntesis es parte de una labor que en su discografía se ha combinado con la canción-*rock* y el *rock* urbano. Es decir, tampoco ha abusado de esta aparente piedra filosofal, y tal vez ahí radique uno de sus logros: mesura y dosificación.

El grupo Mezcla trabajó con una mixtura de toques rumberos, *riffs* de *rock* y pasajes de *jazz*, *blues*, *funk* y son, en instrumentales y canciones propias y ajenas. Por situar un ejemplo, el disco *Cantos* (1992), grabado con el apkwón Lázaro Ross, constituye un interesante modelo de sincretismo, algo que –por demás– se detecta en la totalidad de su obra.

Bandas como Mr. Dominus, Garaje H, Tendencia y Médula han combinado percusiones con elementos de *heavy metal* y *hardcore*, apelando muchas veces al lenguaje callejero y urbano. Esta «folclorización» del *rock*, valiosa en tanto segmento a explorar, tiende también a veces a reducir «lo nacional» a unas pocas esencias, poniendo a un lado la heterogeneidad de la música en Cuba. Además, resulta significativo y contradictorio a la vez, que estas experiencias, no tienen demasiados émulos en el país. Viviana García, cantante de Arte Vivo, opinaba:

"No creo que porque en determinados grupos u obras se incluyan instrumentos típicos del son o algún otro género, ya el producto final pueda ser catalogado como «*rock* cubano». Ni tampoco ejecutar piezas tradicionales cubanas con instrumentos electrónicos. Hay que crear una cantidad abundante de música con calidad, que pueda ser reconocida como *rock* cubano, y que no solo sea reconocible porque se usen tumbadoras o se haga un cinquillo con sintetizadores". (6)

Perfume de Mujer

Pero no todo es rumba y percusión. Otras músicas nacionales también han atrapado el interés de los compositores. Los 5-U-4, en su época con Osvaldo Rodríguez, ensayó un híbrido de bolero-*rock*. Células de la música campesina aparecieron en producciones de Anima Mundi, Arte Vivo (*"Punto para un guajiro moderno"*) y Síntesis (*"Variaciones sobre un tema de zapateo"*). La *"Suite para un danzón"*, de Arte Vivo, ejemplificó el tratamiento que se le insufló a este género decimonónico. Perfume de Mujer recreó obras de Alejandro García Caturla, Amadeo Roldán y Leo Brouwer.

La obra de este último también fue re-interpretada por Síntesis, *Quantum* y Arte Vivo, cuyo baterista Enrique González comentó:

"Un buen ejemplo son las *Danzas concertantes*, de Leo Brouwer, que originalmente son para guitarra y orquesta de cuerdas. En el grupo esas cuerdas estaban repartidas en la percusión. La ejecución era con percusión, guitarra eléctrica con múltiples distorsionadores de sonido y teclados. Entonces nos acusaban de hacer música extranjerizante cuando en realidad era una obra de Leo". (7)

Varios músicos de *rock* han apuntado hacia la reelaboración del cancionero popular. Agrupaciones de la "música bailable" asumieron esporádicos códigos del *rock*, entre ellas Los Van Van, Los Reyes 73, Kon Tiki, Los Impactos, Los Surik, Los Fratelos, Irakere, Los Cankas y Los Cuásares.

Los Reyes 73

Hubo las que oscilaron entre el *funk*, ritmos nacionales y elementos roqueros: Fa-5, Los Yoyi, Expreso Rítmico, Los Taínos, Fusión, Tiempos Nuevos y Los Yakos. Individualidades como Jorge Luis Rojas ("Rojitas"), Paulo FG, Juan Formell, Pachito Alonso, José Luis "Changuito" Quintana, Juan Carlos Alfonso, Pancho Amat y Chucho Valdés han expresado simpatías por el *rock* o han trabajado con sus ingredientes. Tal vez no sea casual que muchos de ellos hayan impulsado notorios movimientos de renovación en el seno de lo popular bailable.

### Buscaré nuevos rumbos

Quizás fusionar *rock* y géneros tradicionales puede resultar la receta más «obvia» para hacer un «*rock* cubano» aceptado, pero no es la única. Otra dirección se gestó con fuerzas en la década de los 80, dando un

vuelco a lo que básicamente se hacía hasta entonces, que era duplicar las sonoridades extranjeras. Enrique González explicó en una entrevista:
"Por un lado está el artista que quiere hacer un *rock* evidentemente cubano y para tal fin utiliza las tumbadoras, las claves, los cencerros, algún estribillo. Por otro lado tienes al que hace *rock* con los instrumentos y elementos propios de ese estilo (guitarra eléctrica, batería, pedales distorsionadores, etc.) y lo hace dentro del país, así que también es cubano". (8)
Salvando antecedentes en la creación de un *rock* original y en español, la referencia interna más importante fue Venus en los 80. Resulta interesante ya que en muchos casos no existió contacto directo con su obra. El grupo alcanzó a grabar apenas unas cuantas piezas al final de su trayectoria, que no tuvieron difusión en ese momento. Su impacto trascendió por la vía oral entre los colegas y un público donde figuraron algunos futuros músicos.
Cuando quedó claro que repitiendo *"Smoke on the water"*, *"Day tripper"* o *"Enter sandman"* hasta la saciedad solo se conseguía una identificación tangencial, la búsqueda de una fisonomía pasó por la decantación de influencias. A partir de Venus la mayor parte de la producción comenzó a ser en español. Los estilos transitaron por el *heavy*, progresivo, *hard, punk, blues, pop*. Era un nuevo tipo de *rock* –para los estándares del país– que luchaba por expresarse sin el lastre de «demostrar» una pertenencia territorial a partir de los clichés.
La inserción de instrumentos o elementos sonoros tradicionales de cada país no son fórmula obligatoria que garantiza originalidad. En el caso del *rock*, el público no necesariamente espera escuchar una gaita en un grupo británico, ni la harmónica en los norteamericanos. En Cuba también hay músicos y estilos que han tomado instrumentos de aceptada

autoctonía y otros que no lo han hecho. Sin embargo, los especialistas que ven peligrar la «cubanía» en las bandas nacionales que no adoptan los patrones de la tradición, nunca han considerado que *The Band* sea más norteamericano que *Talking Heads*, ni *Fairport Convention* más británico que *Status Quo*, por el hecho de que unos utilicen referentes folclóricos y otros no. Es indudable que el *rock* ha labrado sus propias características, suerte de metalenguaje que se emplea con independencia de culturas o edades. Sus ramificaciones permiten la expansión, recrearlo de múltiples maneras con adiciones varias, pero también hay un sonido relativamente común que ha devenido especie de "lingua franca". Desde su maduración, a mediados de los años 60, el *rock* irrespeta geografías, idiomas, etnias, ideologías y sustratos económicos. El ya citado crítico Diego A. Manrique lo expresó así:
"Su infiltración en países alejados del sistema capitalista y en sociedades refractarias al *american way of life* revela que posee valores intrínsecos que permite que salte fronteras. Por otro lado, aunque sus fuentes sean norteamericanas, no hay que olvidar que muchas de las formulaciones más frescas del *rock* provienen del Reino Unido [...] Además, el *rock* no exige pasaporte a la hora de fagocitar ideas de otras músicas: ha integrado elementos de la salsa caribeña, el *reggae* jamaicano, la música hindú, los sonidos brasileños o africanos. Es el folclor de la aldea global". (9)
Lo cierto es que el *rock* devino porosa forma de expresión que, si bien por un lado aceptaba fundirse con lenguajes sonoros de cualquier latitud (calypso, chacarera, son, raga, ska, huapango, giga, canto gregoriano, bossa, candombe, bulería, mbalax, fado, barroco) también tiene códigos naturales cuya reproducción no implica el colonialismo cultural que

algunos quieren endilgarle. Justamente esa libertad es la que anima a músicos de todo el orbe, al margen de sus respectivas zonas de origen. Es, asimismo, la base sobre la cual muchos creadores en Cuba –y el resto del mundo– construyen sus obras: apostando más por la similitud que por la diferencia.

Otro aspecto es el textual y la conexión –o no– con su entorno. Aquí probablemente está el talón de Aquiles del *rock* cubano que en general, tiende pocas miradas hacia una realidad nacional que sobrepase la mera experiencia individual. Las temáticas más socorridas acuden a cierta (forzada) universalidad: guerras, violencia, armamentismo, enajenación, ficción. Pocos son los que asumen visiones críticas y objetivas del contexto que los rodea, así como rara vez trabajan con autores ajenos a sus filas, o musicalizan poesía: entre las excepciones a esto último estarían Cartón Tabla, Música d´ Repuesto y, sobre todo, Sociedad Habana *Blues*. La crónica del acontecer del país parece ser coto de algunos salseros, raperos y trovadores. El *rock* apenas ha profundizado en estos temas, por lo que su legado resulta socialmente menos abarcador y comprometido. Obras de Havana, Perfume de Mujer, Equis Alfonso, Médula, Tesis de Menta, *Chlover*, Arte Vivo (en su etapa con Manuel Camejo), Paisaje Con Río, Garaje H, Tendencia, Zeus, Escape y buena parte de la hornada *punk*, son de las escasas que reflejan las peliagudas aristas del devenir nacional. Las poéticas oscilan entre lo basto, lo simplemente direccional y lo más metafórico. El binomio «*rock* y trova» muestra algunos ejemplos de lograda factura, pero los mutuos distanciamientos afectan su posible combinación.

Tampoco los cultores de *rock* son inmunes a estereotipar códigos del país. Anay Remón y Erick González, en su tesis de graduación en la Facultad de Artes y Letras, al referirse al disco *Rebeldes* de

Tendencia, apuntaron ese acercamiento viciado:
"La validez concretada en el aspecto sonoro no es correspondida en el plano textual con una composición sobresaliente. Ella aparece lastrada por un énfasis temático que trasciende el compromiso político para convertirse en un panfleto ideológico –que roza con el chovinismo–, erigido sobre un discurso similar al enarbolado por la dirección revolucionaria ante las agresiones políticas del imperialismo norteamericano (*"Rebeldes"*, *"Infamia"*, *"¡Al machete!"*). A la exacerbación de las simpatías con el discurso oficial se agrega la recurrencia a imágenes trilladas de la cultura cubana –*"Timbarró"* – que colocan el espíritu de la nación al nivel de una postal turística: mujeres despampanantes, tabaco, ron y rumba". (10)

Para quienes se empeñan en darle "un sello" nacional reconocible a su música parece que el reto más difícil (y pocas veces superado) es cómo lograrlo sin sucumbir a los clichés. Cuba –vista más allá de sus lugares comunes– todavía es, a grandes rasgos, una deuda pendiente para el *rock*.

Crear composiciones propias abordando temáticas vivenciales, en vez de hacer versiones; interpretarlas en castellano, descartando la obsesiva dependencia de lo anglófono, y generar todo ese trabajo dentro del país, son las cartas principales por las que apostó este sector. Si el grueso de la producción temprana se perdió sin remedio ante la imposibilidad de grabar, la intención se fue trasmitiendo de músico a músico, propiciando una corriente que se reforzó a despecho de las fuertes críticas que recibía, tanto por no incorporar las señas de identidad de «lo cubano», como por atreverse a cantar en español algo que –según los puristas– solo era concebible en inglés.

Esta corriente, que parte de presupuestos internacionales reconocidos, y que perfila una nacionalidad (no siempre de modo consciente) a través de los temas a tratar, el idioma y el hecho mismo de hacerlo geográficamente dentro del país, cuenta con buena cantidad de exponentes aunque en los años transcurridos desde el cambio de siglo su incidencia se vio disminuida. De todas maneras, la capacidad de enfocar lo nacional con visión propia sedimenta un *rock* cubano alejado del mimetismo de lo externo, pero también de las ataduras a lo tradicional interno.

### *No te metas en mi vida*

Por último están quienes no se apuntan en ninguna de las modalidades descritas antes. No buscan una conexión con lo nacional, ni conceptualizan su labor a partir del empleo del idioma o el acto de crear. Es una vertiente que guarda relación a veces con el arte efímero y la función lúdica de la música, pero sobre todo con la libertad para hacer lo que cada uno siente y desea.
Pretender que toda creación debe tener una motivación trascendente es perder de vista su carácter espontáneo. No todas las obras artísticas sobreviven más allá de un periodo de tiempo; algunas lo hacen con impredecible intermitencia, o quedan sujetas a la veleidad del público y la crítica. Exaltadas ayer, defenestradas hoy, podrán ser o no revalorizadas mañana, en un proceso recurrente que nutre la historia del arte. Gran número de obras que en la actualidad constituyen acervos reconocidos de la cultura mundial, no buscaban "trascender". Cada una responde a los impulsos circunstanciales de su creador. La aceptación, la sacralización o el olvido son pasos posteriores que no tienen relación directa ni con su calidad, ni con sus intenciones originales. Es poco probable que Bach o Mozart pensaran en el futuro al escribir sus obras tenidas como «clásicas»,

ni el desconocido autor de *"El colibrí"*, ni Pablo Milanés al cantarle a Yolanda. En cuanto al *rock*, basta recordar la opinión de Mick Jagger a propósito de *"(I can't get no) satisfaction"*, emblema de su grupo *Rolling Stones*, y uno de los hitos del género:

"Cuando comenzamos a trabajar en ella, sonaba como una canción *folk* y a Keith (Richards) no le convencía demasiado, no quería sacarla como *single*, no pensaba que aquello fuese a marchar demasiado bien. Me parece que a Keith le parecía un poco simplona. Estaba demasiado metida en ella y opinaba que no era más que un *riff* un poco tonto". (11)

En Cuba, junto con los ataques por considerarlo contrario a la cultura, y música del imperialismo, al *rock* se le señaló desde sus primeros días, de manera peyorativa, esa proyección catártica tanto como sus influencias directas:

"Casos como la aparición del *rock and roll* en el medio nativo carecen de importancia en el sentido de que, aparte su carácter episódico, surgen como injertos perfectamente caracterizados, y cuya extranjería se da a conocer abiertamente, ejercitando su influencia como aquel que dice a plena luz del día, sin que nadie pueda llamarse a engaño". (12)

Es cierto que durante casi tres decenios el *rock* en Cuba se sostuvo a base de la duplicación indiscriminada de lo foráneo. Vituperado de diversas formas, enfrentó la descalificación que le achacaba esa connotación (también) de ser música transitoria, sin nexos con "lo nacional". Al respecto, el crítico Guille Vilar opinaba:

"Para trascender culturalmente hay que proponerse hacer cultura. Me parece que tocando igual que *Metallica* o *Scorpions* no se está haciendo nada original ni nada que se pueda llamar cultura nacional. Si un grupo quiere nada más tocar canciones de Los *Beatles*, que lo haga, pero solo hasta ahí llegará". (13)

Las preguntas se imponen: ¿qué sucede si realmente ese músico sólo desea "llegar hasta ahí"? ¿Es esa una razón para ignorar o minimizar su trabajo? ¿La única finalidad de la creación es «hacer cultura»? Por otra parte, ¿se juzga con igual severidad a quienes interpretan el repertorio clásico centroeuropeo de siglos atrás, el folclor latinoamericano o la música electroacústica? ¿Se les exige la incorporación de «elementos cubanos»? ¿O estamos ante concepciones expresamente discriminatorias hacia el *rock*?

Lo más contradictorio es que después de ser condenado durante años como ajeno a lo cubano, el cambio de siglo presenció un repentino vuelco en la postura oficial. De la noche a la mañana, en un sorpresivo malabarismo dialéctico, el *rock* pasó a ser considerado «parte integral» de la cultura del país, y la "autorización" para interpretar piezas de (esos mismos) *Beatles, Metallica* y *Scorpions* las alejó del calificativo «extranjerizante», proporcionándoles un cuño de legitimidad. Se inauguraron sitios especializados donde a los grupos se les "exigió" tocar *covers* del *rock* anglosajón, sin dejar espacio para la creación original. Se fue (una vez más) a los extremos. Si antes al interpretar esa música no se estaba haciendo algo "que se pudiera llamar cultura nacional", ahora resultó que tal patrimonio universal "también nos pertenecía". Lamentablemente se tardó demasiado para arribar a esta conclusión.

Además, ¿quién determina si un producto artístico es válido o no para la cultura del país? Se puede opinar que una determinada música, de acuerdo con sus características, no va a trascender, pero tal criterio no es una ley. No todo lo que se programa en los medios es válido, si vamos a hablar de «cultura», pero responde a necesidades específicas y cumple un rol social. Cuba ha sido inundada por modas musicales desde la llegada de los medios de difusión en los años

20 del siglo pasado. Algunas fueron asimiladas de diversas maneras; otras pasaron sin penas ni glorias. Esto se aplica tanto a los géneros foráneos como nacionales: ocurrió con el chotis y el bambuco, con el danzonete y el mozambique. Tampoco su calidad es un aval de perdurabilidad: el ritmo batanga de Bebo Valdés no trascendió debido a razones puntuales de índole económica: ¿eso lo invalida?

De modo que aquellos músicos que utilizan el *rock* como vía de extroversión, sin más interés que hacer lo que quieren (*covers* o temas propios aferrados a los códigos elementales del género) también forman parte de la banda sonora de cada época y país.

Akupuntura

Por ejemplo, el *punk* cubano, con su sentido de inmediatez, urgencia existencial y fidelidad al lema "no futuro" enarbolado por el primerizo movimiento británico, entregó un muestrario de marginalidad, irreverencia, choteo e incorrección social. No atendió a críticas, ni le interesó la trascendencia cultural. Lo suyo fue –siempre ha sido– "aquí y ahora", y "nada me importa", literalmente. Con abundancia de lenguaje callejero y direccional (muchas veces plagado de "malas palabras") es un *rock* catártico que presenta, en palabras de Luzmani Vivas, bajista de los pinareños Albatross:

"Crítica social, incongruencias, malestar por cosas con las que no estamos conformes o que nos joden, lo que nos de la gana de cantar, y cosas así; en eso se basan nuestros textos. En nuestro caso no tratamos solamente la anarquía, las letras tienen una base más política y *hardcorera*, tratamos más los temas de la destrucción, la persecución, toda esa locura que estamos viviendo". (14)

Pero este *punk* descarnado –pésele a quien le pese– también pertenece a Cuba. Nació aquí y es tan cubano como los *Ancestros* de Síntesis, el metal de *Blinder*, el filin de Marta Valdés, los trabajos electroacústicos de Juan Blanco, el órgano de los Hermanos Ajo, los sones de Matamoros, el *hip hop* de Grandes Ligas, el *jazz* de Emiliano Salvador, el mambo de Pérez Prado, las habaneras de Liuba María Hevia y las composiciones para guitarra de Leo Brouwer. Todas son piezas en el gran rompecabezas de nuestra nacionalidad.

Sería saludable entonces, para resumir, no pasar por alto que "el concepto de esencia de la identidad objetiva, única y autoritaria, está en vías de extinción". (15)

### *El peso de la isla*

Más allá de si el *rock* que se hace en Cuba maneja ingredientes de la tradición, muestra su personalidad por otros medios, o excluye cualquier síntoma obvio de "cubanía", la clave está en la libertad que tengan los músicos para componer y tocar. Decidir que esto va a trascender y que aquello no lo hará; o que unas músicas formarán parte del patrimonio y otras no, es un ejercicio de clarividencia que rara vez funciona. La inclusión de elementos folclóricos, o de lo que comúnmente se asocia al "ser cubano", no son requisitos obligatorios para aceptar la presencia del

*rock* entre nosotros. Los términos "pueblo", "folclor", "nacionalismo", "cultura popular" e "identidad" han sido cuestionados y re-conceptualizados por varios estudiosos (Néstor García Canclini, Stuart Hall, Juan Flores, Jesús Martín Barbero, Johannes Fabian, Pierre Bourdieu) en una toma de conciencia que abre múltiples lecturas. Pero en lo que concierne a nuestro país el editor de fanzines Tony González señalaba:
"La cultura cubana no es homogénea, sencillamente porque la sociedad cubana tampoco lo es. Existe la cultura y dentro de ella pueden convivir varias subculturas. Cuando una subcultura entra en conflicto con la cultura dominante, donde quiera que esto ocurra se produce una contracultura, una expresión de discordia entre grupos que ya no se encuentran integrados dentro del conjunto cultural. El *rock* cubano ha navegado entre la subcultura y la contracultura, y por momentos no se sabe a ciencia cierta dónde está su puesto". (16)
Estrategias diferentes para la creación no se anulan, sino que aportan diversidad. La trascendencia es una asignatura del futuro, no del presente. Sin una visión en perspectiva resulta arriesgado predecir qué va a sobrevivir, y qué va a quedar en el camino. Como apunta Ivo Supicic:
"La incomprensión y el fracaso de las obras musicales, aunque su valor sea reconocido posteriormente, se deben en general menos al público que a los profesionales, los críticos y los colegas, quienes, apoyándose en una formación teórica y práctica, presentan como reglas inmutables tradiciones que esas obras, precisamente, habían superado". (17)
Por más de medio siglo el *rock* en Cuba ha resistido obstáculos y presiones de todo tipo. Queda por definir (para algunos) si se trata de un "movimiento" con basamentos, intereses y tácticas comunes, o si

domina una dispersión entre bandas y públicos, que no tiene que ser necesariamente negativa. Signos de su vitalidad están –quizás– en las diferentes generaciones que lo siguen, en quienes se mantienen creando, y en su articulación con un contexto sociocultural y político que casi siempre le ha sido adverso. Pero hay demasiadas diferencias de toda índole para pensar en términos de cohesión o uniformidad dentro de la escena.

En todo caso llama la atención que no apele a la autorreferencialidad. Este detalle tampoco se da exclusivamente entre los roqueros: pasa con tipos distintos de música, donde la mirada "hacia afuera" sustituye a la introspección. Pero la escurridiza saga del *rock* nacional no es una fuente de la cual beban los músicos de manera abierta. Casi siempre sus referentes son externos, algo que –si bien puede mover a la preocupación– sucede también en otros lugares, como señala el investigador ecuatoriano Pablo Ayala Román al referirse a su país:

"Cuando se le preguntó a los músicos sobre sus influencias musicales más importantes, esto es sobre los otros artistas o bandas que constituyeron para ellos un referente o un modelo que seguir, casi nadie nombró a artistas o bandas locales. La tendencia general fue siempre de referirse a grandes bandas extranjeras. Fueron muy pocas las bandas que mencionaron, dentro de sus influencias, a otras bandas locales; las que lo hicieron fueron más bien la excepción a la regla". (18)

Lo mismo ocurre en Cuba. Para comprobarlo basta con leer las declaraciones de los músicos, así como repasar la escasez de versiones directas. Hay algo real: la historia del *rock* en Cuba es muchas veces desconocida hasta para sus propios cultores. La falta de información, la ausencia de grabaciones de otros periodos, y hasta cierta apatía hacia el tema están detrás de tal situación. Si Venus fue un referente en los años 80 se debió a lo inusitado de su trabajo en ese momento, pero lo que prevaleció fue la actitud de hacer canciones propias en español, más que una influencia del material en sí. En la práctica sus temas no aparecen en los repertorios de bandas posteriores. Esto se aplica por igual a otros grupos locales que en distintos momentos fueron inspiración para distintos músicos del patio.

Por lo general cuando se asume material de compositores cubanos, se opta por géneros distintos al *rock*. Aunque no es un indicativo absoluto, ofrece pistas sobre los intereses paralelos de estos músicos o sus estrategias de comercialización. Están los casos de Zeus ("*Guantanamera*", Joseíto Fernández), David Blanco ("*Yo soy el punto cubano*", Celina González), Tendencia ("*Hasta siempre, comandante*", Carlos Puebla), Osamu ("*Sandunguera*" y "*La candela*", Los Van Van), Havana ("*Me dieron la clave*", Marcelino Guerra), Barrio Adentro ("*Ofelia*"; Los Zafiros) y Bouquet (con piezas de Miguel Matamoros, Félix Chapotín, Faustino Oramas, Sindo Garay), junto a canciones de la Nueva Trova.

Pocos son los que acuden al *rock* nacional para hacer versiones. Entre los más recientes –pero no los únicos– están Médula (*"Crudo"*, Garaje H), *Ancestor* (*"El renacer de los muertos"*, Zeus), Escape (*"At mountains"*, *Darkening*), *Asgard* (*"Dueño de la luz"*, Manuel Camejo y Juan Antonio Leyva) y Tierra Santa (con varias canciones de Los Barbas). Por otra parte, llama la atención la cantidad de conciertos tributos a figuras extranjeras (*The Beatles*, John Lennon, *Deep Purple*, Michael Jackson, *Queen*) que se organizan, así como los continuos *covers* al material foráneo en demos y discos. Si se consigue o no revertir esa situación depende de distintos factores, pero sería saludable mirar, valorar y entender que el *rock* forma parte de una evolución y cuenta con una historia en la isla.

Se concoce que el *rock* cubano no ha explotado de forma consistente su potencial más allá de las costas nacionales. Imposibilidades conceptuales, materiales y burocráticas han dado al traste con ese anhelo, mientras colegas extranjeros, de paso por la isla, elogian las habilidades de los músicos del patio. Aunque poco a poco se va despejando el camino, todavía falta mucho para lograr un reconocimiento internacional que vaya más allá de contemplarlo como un exotismo. Además, los procesos diaspóricos que generan retroalimentación cultural tampoco funcionan aquí en toda su amplitud. El flujo migratorio tiende a ser en una sola dirección: hacia afuera. Son escasos –por motivos varios– los ejemplos de creadores que tras residir en diferentes países, regresan a Cuba con sus vivencias traducidas en arte y retoman el nexo con la escena.

En todo caso se echa en falta una mayor y más rigurosa teorización en torno al *rock* que se hace en Cuba. Se organizan eventos y coloquios para debatir sus aristas principales, pero casi nunca escapan de lo rutinario, los lugares comunes, lo epidérmico (y en los peores casos, los plagios vergonzosos). Se hace necesario el análisis y la reflexión: no se trata de llegar a consensos ni a definiciones radicales, sino a poner sobre la mesa argumentos bien fundamentados que contribuyan a perfilar miradas frescas acerca de la producción nacional.

Ese complejo devenir de más de cincuenta años de *rock* en Cuba es el que se ha intentado contar en estas páginas. Si el género se ha mantenido hasta la actualidad, no hay razones para que no lo siga haciendo en un futuro inmediato, moviéndose (tal vez) entre la transgresión y el acomodamiento, entre la inercia y el empuje. Surgen y desaparecen bandas, fanzines, festivales y espacios de promoción. De forma paralela –y afortunada– cada vez sobreviven más testimonios necesarios a través de discos, videos y artículos. Es una espiral constante, quizás no sintomática de óptima salud, pero sí de sobrada perseverancia.

Temas como su inserción en el tronco cultural de la nación, la existencia de un "movimiento" con trazos específicos, los nuevos retos que se propongan el género y sus cultores, la posible apertura hacia el exterior y otros, aguardan para ser definidos. Podrá mantenerse la relativa bonanza, regresar las incomprensiones del pasado, o llegar una etapa de plena aceptación: el mañana no está escrito. Por ahora lo esencial parece ser que este *rock* hecho en casa sigue entre nosotros, sobreviviendo "entre cielo, sueños y abismo".

**Citas:**
1– Orejuela, Adriana Orejuela: *El son no se fue de Cuba.* Letras Cubanas, Habana, 2006, p. 201.
2– Borges Triana, Joaquín: *Los Que Soñamos Por La Oreja,* 31, junio-julio 2007.

3– Prieto González, Alfredo: "Huellas norteamericanas en la cultura cubana contemporánea", *Temas*, La Habana, octubre-diciembre 1996, pp. 59-71.
4– Zolberg, Vera L.: *Sociología de las artes*, Iberautor SRL, España 2002, p.152.
5– Brouwer, Leo: *La música, lo cubano y la innovación*. Letras Cubanas, Habana, 1989, p. 16.
6– García, Viviana. Archivo del autor.
7– González, Enrique. Archivo del autor.
8– González, Enrique. Archivo del autor.
9– Manrique, Diego A.: "Mitología, ritos y leyendas del *rock*", *El País*, Madrid, 2 de noviembre de 1986, p. 8.
10– Remón, Anay y Erick González: "Confesiones de mi generación: las temáticas en el *rock* cubano entre 1990 y 2008". Universidad de La Habana, 2009, Habana, Cuba.
11– Cott, Jonathan, y Sue Clark: *Conversaciones con el rock*. Akel Editor, Madrid, 1975, pp. 160-161.
12– Pino, Oscar: "La música cubana: nacionalismo y deformación", *Carteles*, La Habana, diciembre de 1957, pp. 22-24.
13– Grogg, Patricia: "Sociedad bailando *rock*", *Cuba Internacional*, La Habana, marzo de 1992, pp. 26-30.
14– Hoyos, Jorge Luis: "Albatross: *punk*is carboneros", *El Punto Ge* 3, mayo 2004, p. 20.
15– Delannoy, Luc: *Convergencias*. Fondo de Cultura Económica, México, 2012, p. 151.
16– González, Tony: "La marginalidad". *El Punto Ge* 10, Habana, p. 36.
17– Supicic, Ivo: "Problemas de la sociología musical", *Cahiers Internationaux de Sociologie*, jul-dic. 1994, p. 127. Citado por Fernand Ouellette en *Edgar Varese*, Arte y Literatura, La Habana, 1989, p. 116.
18– Ayala Román, Pablo: *El mundo del rock en Quito*. Corporación Editora Nacional, Ecuador, 2008, p. 152.

# Bibliografía

**Bibliografía consultada:**

Acosta, Leonardo: *Elige tú que canto yo*. Letras Cubanas, Cuba, 1993.
_____: *Descarga número dos: el jazz en Cuba 1950-2000*. Unión. Cuba. 2002.
_____: *Otra visión de la música popular cubana*. Letras Cubanas, Cuba, 2004.
Agustín, José: *La contracultura en México*. Grijalbo, México, 1996.
Antonelli, Mario: *Los Gatos Salvajes: 40 años de rock de autor en castellano*. Catálogo S.R.L., Argentina, 2005.
Arango, Arturo y Norberto Codina: *Sonar en cubano: músicos en La Gaceta de Cuba,* Editorial Oriente, Cuba, 2012
Ayala Román, Pablo: *El mundo del rock en Quito*. Corporación Editora Nacional. Ecuador. 2008.
Bianciotto, Jordi: *La censura en el rock*. La Máscara. España. 1997.
Borges Triana, Joaquín: *La luz, bróder, la luz*. Ediciones La Memoria, Centro Cultural Pablo de la Torriente Brau, Cuba, 2009.
_____: *Músicos de Cuba y del mundo: nadie se va del todo*. ConCierto Cubano, 2012
Brouwer, Leo: *La música, lo cubano y la innovación*. Letras Cubanas, Cuba, 1989.
Casaus, Víctor y Luis Rogelio Nogueras: *Que levante la mano la guitarra*. Letras Cubanas, Cuba, 1984.
Castellanos, Ernesto Juan: *Los Beatles en Cuba*. Unión, Cuba, 1997.
_____: *John Lennon en La Habana*. Unión, Cuba, 2005.
Chimal, Carlos (Comp.): *Crines. Otras lecturas de rock*. Era, México, 1994
Cott, Jonathan y Sue Clark: *Conversaciones con el rock*. Akal Editor, España, 1975.

# Bibliografía

Cutler, Chris: *File under Popular*. November Books, Inglaterra, 1991.

Delannoy, Luc: *¡Caliente! Una historia del jazz latino*. Fondo de Cultura Económica. México. 2001.

_____: *Convergencias*. Fondo de Cultura Económica, México, 2012.

Díaz, Joaquín y José María Íñigo: *Música pop, música folk*. Planeta, España, 1975.

Díaz Ayala, Cristóbal: *Los contrapuntos de la música cubana*. Callejón, Puerto Rico, 2006.

_____: *Discografía de la Música Cubana 1925-1960*. Florida International University Libraries, Estados Unidos, 2002.

Domínguez, Salvador: *Bienvenido Mr. Rock*. SGAE, España, 2002

Escárate, Tito: *Frutos del país: historia del rock chileno*. INJ Fondart, Chile, 1993.

Figueroa, Rafael: *Pasos sobre el silencio: apuntes para una semiótica de la música*. Centro Toluqueño de Escritores, México, 1985.

Flores, Juan: *Bugalú y otros guisos*. Fondo Editorial Casa de las Américas, Cuba, 2009.

García, Lino: *Islas*. Editorial @becedario, España, 2008.

Giro, Radamés: *Diccionario enciclopédico de la música en Cuba*. Letras Cubanas. Cuba. 2007.

Hernández, Zenovio y Ana Luisa Tamayo: *Como un milagro: Historia de la cancionística en Holguín*. Ediciones Holguín, Cuba, 2009.

Linares, Jesús: *Músicos camajuanenses en la memoria*. Bauprés Ediciones Independientes. 2012.

Logan, Nick y Bob Woffinden: *The illustrated encyclopedia of rock*. Salamander Books, Estados Unidos, 1976.

López, Oscar Luis: *La radio en Cuba*, Letras Cubanas, Habana, 1981

López Sánchez, Antonio: *La canción de la Nueva

# Bibliografía

*Trova*. Atril, Cuba, 2001.

Lynskey, Dorian: *33 revolutions per minute. A history of protest songs, from Billie Holiday to Green Day.* HarperCollins Publishers, Estados Unidos, 2011.

Malacara Palacios, Antonio: *Catálogo subjetivo y segregacionista del rock mexicano*, Angelito Editor, México, 2001

Martínez, Mayra A: *Cubanos en la música.* Letras Cubanas, Cuba, 1993.

Muggiati, Roberto: *Rock: el grito y el mito.* Arte y Literatura, Cuba, 1982.

Muniesa, Mariano: *Historia del heavy metal.* VOSA, España, 1993.

Ordovás, Jesús: *Historia de la música pop española.* Alianza Editorial, España, 1987.

Orejuela Martínez, Adriana: *El son no se fue de Cuba. Claves para una historia 1959-1973.* Letras Cubanas. Cuba. 2006.

Orozco, Danilo: *Nexos globales desde la música cubana con reguejos de son y no son.* Ojalá, Habana, 2001.

Pardellas, Juan Manuel: *El rock en Canarias.* Añaza, España, 1994.

Pareless, Jon y Patricia Romanowski: *The Rolling Stone encyclopedia of rock and roll.* Summit Books, Estados Unidos, 1983.

Piña, Eddio Javier: *La historia del rock en Venezuela.* HRV Editorial, Venezuela, 2011.

Rodríguez, Esteban: *Por los caminos del rock.* Azulpluma. Argentina. 2009.

Roura, Víctor: *Negros del corazón.* Molinos de Viento, México, 1984.

Sarusky, Jaime: *Grupo de Experimentación Sonora del ICAIC: Mito y realidad.* Letras Cubanas, Cuba, 2005.

Sierra i Fabra, Jordi: *Historia de la música pop.* Ediciones Unidas, España, 1973.

————: *Historia de la música rock.* Ediciones

Unidas, España, 1978.
Valdés Cruz, Merced Belén: *Ahí la llevamos cantinfleando. Rock mexicano.* Independiente, México, 2002.
Varios Autores: *Diccionario de la música española e hispanoamericana.* SGAE, España, 1999.
Zamora, Bladimir y Fidel Díaz: *Trovadores de la herejía.* Abril, Cuba, 2012.
Zolberg, Vera L.: *Sociología de las artes.* Iberautor SRL, España, 2002.

Publicaciones periódicas cubanas:
*Alma Mater, Bohemia, Carteles, Cinema, Clave, Cuba Internacional, El Caimán Barbudo, El Mundo, Granma, JaRock de Café, Juventud Rebelde, La Gaceta de Cuba, Mella, Opina, Revolución, Revolución y Cultura, Salsa Cubana., Show, Somos Jóvenes, Temas, Verde Olivo*

Fanzines cubanos:
*Advisory, Delirium, Demacrated, El Punto Ge, Fuerza de Voluntad, Ilusión, Insanedrac, Insipid, Instinto Básico, Polilla en la Sombra, Rock Crítiko, Rompiendo el Cerko, Scriptorium, Subtle Death, The Rocker, Turbulencia, Underground Society*


Documentos:
- Barrios López, Andrés: 35 años de historia del *rock* en Panamá (1964-1999). Universidad Panamericana y Centro de Estudios Sociales y Administrativos, Panamá, 2012.
- Castañeda Maldonado, Mario Efraín: Historia del *rock* en Guatemala. La música *rock* como expresión social en la ciudad de Guatemala entre 1960 a 1976. Universidad de San Carlos de Guatemala, Escuela de Historia, Nueva

## Bibliografía

Guatemala de la Asunción, Guatemala, octubre de 2008.
- Centro de Estudios sobre la Juventud: Boletín "Sondeo", No. 5, Cuba, septiembre de 1987.
- Pérez, Umberto: Bogotá: epicentro del *rock* colombiano entre 1957 y 1975. Secretaría Distrital de Cultura, Recreación y Deporte – Observatorio de Culturas, Colombia, 2007
- Remón, Anay y Erick González: Confesiones de mi generación. Las temáticas en el *rock* cubano entre 1990 y 2008. Universidad de La Habana, Cuba, 2009.

www.ingramcontent.com/pod-product-compliance
Lightning Source LLC
Chambersburg PA
CBHW061255110426
42742CB00012BA/1925